《交通与数据科学丛书》编委会

主　　编：范维澄　高自友

执行主编：张　鹏

副 主 编：姜　锐　葛颖恩

编　　委：（按拼音排序）

程　晋　郭仁拥　黄海军　黄仕进

贾　斌　李志纯　刘　辉　刘志远

龙建成　卢兆明　马　剑　牛惠民

曲小波　盛万成　司徒惠源　孙　剑

田钧方　王　炜　王帅安　文　超

翁文国　吴建军　闫小勇　杨　超

杨立兴　张小宁　镇　璐　朱文兴

交通与数据科学丛书 11

数据驱动的出行行为分析

贾 宁 齐 航 王光超 魏芳芳 马寿峰 著

科学出版社

北 京

内容简介

本书是将实验经济学方法、行为经济学理论应用于人类交通出行行为分析的一本著作，分为方法论篇、理论篇、实验篇和实证篇，具有鲜明的学科交叉融合的特色。方法论篇和理论篇分别介绍了出行行为实验的研究方法与相关理论，既有深入的文献评述，又从学科发展视角探讨了"实验经济学何以赋能交通行为研究"等方法论问题，同时帮助读者快速了解"怎么做实验"的基本方法和准则。实验篇和实证篇展示了团队最新发表的八项研究，涵盖了有限理性决策、社会困境、演化博弈、强化学习等各个方面，向广大读者报告了实验经济与交通行为交叉研究方向的最新进展。

本书可供管理科学与工程、交通运输工程、实验经济学及相关研究方向的研究生和学者使用。

图书在版编目（CIP）数据

数据驱动的出行行为分析 / 贾宁等著. — 北京: 科学出版社, 2025. 3.
（交通与数据科学丛书）. — ISBN 978-7-03-081682-5

Ⅰ. F502-39

中国国家版本馆 CIP 数据核字第 2025VH1975 号

责任编辑：王丽平　孙翠勤 / 责任校对：彭珍珍

责任印制：张　伟 / 封面设计：陈　敬

科学出版社 出版

北京东黄城根北街16号

邮政编码：100717

http://www.sciencep.com

涿州市殷润文化传播有限公司印刷

科学出版社发行　各地新华书店经销

*

2025 年 3 月第一版　开本：720×1000　1/16

2025 年 3 月第一次印刷　印张：27 1/4

字数：550 000

定价：218.00 元

（如有印装质量问题，我社负责调换）

丛 书 序

交通科学在近 70 年来发展突飞猛进，不断拓展其外延并丰富其内涵；尤其是近 20 年来，智能交通、车联网、车路协同、自动驾驶等概念成为学者研究的热点问题的同时，也已成为媒体关注的热点；应用领域的专家及实践者则更加关注交通规划、土地利用、出行行为、交通控制和管理、交通政策和交通流仿真等问题的最近研究进展及对实践的潜在推动力。信息科学和大数据技术的飞速发展更以磅礴之势推动着交通科学和工程实践的发展。可以预见在不远的将来，车路协同、车联网和自动驾驶等技术的应用将根本改变人类的出行方式和对交通概念的认知。

多方式交通及支撑其运行的设施及运行管理构成了城市交通巨系统，并与时空分布极广的出行者之间形成了极其复杂的供需网络/链条。城市间的公路、航空、铁路和地铁等日益网络化、智能化，让出行日益快捷。有关城市或城市群的规划则呈现"住"从属于"行"的趋势。如此庞杂的交通系统激发了人们的想象力，使交通问题涉及面极广，吸引了来自不同学科和应用领域的学者和工程技术专家。

因此，为顺应学科发展需求，由科学出版社推出的这套《交通与数据科学丛书》将首先是"兼收并蓄"的，以反映交通科学的强交叉性及其各分支和方向的强相关性。其次，"'数''理'结合"，我们推动将数据科学与传统针对交通机理性的研究有机结合。此外，该丛书更是"面向未来"的，将与日新月异的科学和技术同步发展。"兼收并蓄""'数''理'结合"和"面向未来"，将使该丛书顺应当代交通科学的发展趋势，促进立足于实际需求和工程应用的实际问题开展科研攻关与创新，进而持续推动交通科学研究成果的"顶天立地"。

该丛书内容将首先是对交通科学理论和工程实践的经典总结，同时强调经典理论和实践与大数据和现代信息技术的结合，更期待据此提出的新理论、新模型和新方法；研究对象可为道路交通、行人流、轨道交通和水运交通等，可涵盖车车和车路联网技术、自动驾驶技术、交通视频技术、交通物联网和交通规划及管理等。书稿形式可为专著、编著、译著和专题等，中英文不限。该丛书主要面向从事交通科学研究和工程应用的学者、技术专家和在读研究生等。

该丛书编委会聚集了我国一批优秀的交通科学学者和工程应用专家，基于他们的治学态度和敬业精神，相信能够实现丛书的目标并保证书稿质量。最后，上海麓通信息科技有限公司长期以来为丛书的策划和宣传做了大量工作，在此表示由衷的感谢！

张 鹏
2019 年 3 月

序　　言

该书是将日渐发展成熟的实验经济学方法应用于人类交通出行行为分析的一本著作，向广大读者介绍了实验经济学与出行行为研究这一新兴交叉研究方向的最新进展。

经济学是社会科学中最接近自然科学的一门学科，从自然科学中吸收借鉴了许多研究方法，实验室实验方法就是其中之一。有了实验室实验方法的加持，行为经济学从经济学学科中异军突起，成为最近十余年发展最为迅速的经济学分支之一，已有多位杰出学者因实验经济学和行为经济学方面的研究工作而荣膺诺贝尔经济学奖。我想很多学生甚至一些学者可能会疑惑，经济学真的需要做实验吗？

回溯 30 年，经济学期刊中几乎从未发表过实验论文。正如 2000 多年前亚里士多德时代的物理学一样，彼时的经济学也一度被认为是无法进行实验的学科。然而近年来，诸如 *American Economic Review*、*Management Science* 等经管领域的顶尖期刊上，实验论文的数量剧增，它们在深化我们对商品与资本市场、产业组织以及个体决策和制度安排等问题的理解中起到了关键作用。我曾经担任院长的上海财经大学经济学院就拥有一个具有国际影响力的行为经济与实验经济学研究团队。该团队长期致力于具有特色和影响力的研究，成果多见于如 *American Economic Review*、*Econometrica*、*Journal of Political Economy* 以及《经济研究》等国内外知名期刊。同时，团队在政策研究方面也颇有建树，一些成果得到了中央领导的关注和批示，涉及政府与市场关系界定、深化改革等多个重要议题。我注意到，本书积极向从事交通管理研究的青年学者推介实验经济学方法论，并特别推荐了上海财经大学杜宁华教授的《实验经济学：方法与实例》作为必读书目之一。可见，上财实验经济学研究团队成果正在影响不同学科对于实验方法感兴趣的青年学者，为此我也感到十分欣慰。

实验经济学的发展还促成了众多交叉学科的诞生，例如，在行为市场营销与行为运营管理交叉领域，随机 A/B Test 已经成为产品优化、运营提效、算法/策略调优的"标配"，在业界也得到广泛应用；在行为公共政策交叉方向上，学者们探索出一条"政策效用评估—政策机制解析—助推政策优化"的研究路径；等等。从小岗村包产到户试点到深圳经济体制改革特区试点，各种类型的"政策试点"在我国深化改革开放的实践中发挥着举足轻重的作用。"先试点再推广"这种极具中国特色的制度安排之科学性，也正是得益于随机实地实验方法。

序　　言

实验室实验方法适用于在严格控制各种干扰因素的条件下检验变量之间的因果关系、比较不同市场机制的特征，具有内部有效性高而外部有效性低的特点。我多次在发言中强调，研究和解决重大现实经济问题要有长远视角、国际视野、全局观点、系统思维，坚持以一般（全局）分析为核心的综合治理理念，不应过分夸大控制实验方法的神奇效果或局部分析的结论，夸大局部分析的结果。虽然控制实验的局部均衡分析方法是科学研究和解决现实问题的常用起点，但如果不进行全局均衡分析、考虑政治、经济、社会、文化、外部环境等众多因素的影响，其外推有效性将受到质疑，这可能导致我们只见树木不见森林，无法全面把握问题的本质。我同意本书中一个观点——将可控实验室实验作为各类实证研究的逻辑起点，研究者可以在反复检验实验现象或因果关系稳健性的基础上，逐步将实验室实验扩展到虚拟实验、现场实验，乃至指导实践的应用研究中去。

实验经济学日益发展成熟并逐渐得到主流经济学界的认可，然而，为何交通管理研究需要引入实验经济学方法呢？本书第3章从方法论的高度，用大量篇幅论述行为经济学理论与实验经济学方法赋能出行行为决策分析的必要性和科学性。一提到城市交通，非专业人士常常会将之划归为理工科，然而，城市交通系统作为一类典型的有"人"参与的复杂系统，与经济系统、金融系统一样，具有高度的时变性和不确定性。怎样才能尽可能准确地刻画出行者的行为规律及其面对各类管理政策的真实反应，进而对政策作用下的交通状况做出精确预测？这些都是交通管理者面临的重要难题。如果忽视了"人"的主观能动性，提出的理论往往不符合交通实际，制定的管控政策常常产生"事与愿违"的后果。这些年，我总结凝练了"三维六性"研究方法，我认为只有通过"理论逻辑、实践真知、历史视野"这三个维度，才有可能保证研究结论或改革举措具有"科学性、严谨性、现实性、针对性、前瞻性、思想性"。理论篇引入社会学与心理学的最新理论成果（前景理论、后悔理论、学习理论等）对传统网络均衡模型和路径选择模型进行改进，这是对理论逻辑维度的遵循。本书实验篇综合应用实验室实验方法、数据挖掘算法、聚类分析技术等开展数据驱动的出行行为分析，实证篇聚焦于发掘出行者对交通信息的响应模式，这都是对实践真知维度的深入探究。本书实验篇中第一个章节关注到出行者行为规律可能随着环境情景因素、个人社会经济属性而出现异质性，因而开展了不同国家实验样本之间的比较分析，这在一定程度上体现了对历史视野维度的具体实践。

该书主要作者之一齐航博士，现为湖北经济学院财经高等研究院副院长、副教授。齐航于2018年在天津大学取得管理学博士学位，并在2016—2017年间，在国家留学基金管理委员会资助下访问美国亚利桑那大学的经济科学实验室并与Amnon Rapoport 教授开展合作研究。亚利桑那大学的经济科学实验室具有非常悠久的实验经济学方面研究历史，素有"实验经济学之父"之称的弗农·史密

序 言

斯 (Vernon Smith) 正是依托于在该实验室的开创性研究而荣获 2002 年诺贝尔经济学奖. 齐航的博士论文便是在天津大学马寿峰教授和亚利桑那大学 Amnon Rapoport 教授的共同指导下完成, 并最终荣获了天津市优秀博士学位论文的荣誉. 齐航博士的研究专长是运用实验的手段回答各种与微观行为决策、宏观政策设计相关的问题, 她的一些论文已经被国际刊物 *Journal of Economic Behavior and Organization*、*Transportation Research Part A: Policy and Practice*、*Journal of Behavioral and Experimental Economics*、*Journal of Management Science and Engineering* (《管理科学学报》英文版) 等接收发表, 她也先后获得了国家自然科学基金、中国博士后基金、湖北省自然科学基金等多个项目资助. 更加难能可贵的是, 她还将实验经济学方法融入教学和育人工作当中, 主讲的中级微观经济学入选省级一流本科课程, 指导学生参加全国大学生 "挑战杯" 全国大学生课外学术科技作品竞赛、全国大学生市场调研与分析大赛等权威学科竞赛获得不俗成绩, 并入选湖北省有关人才计划.

期待这本书的出版能够激励和鼓舞更多青年学者投身到实验经济学的教研中来, 为我国经济学发展和人才培养做出更多贡献.

田国强

美国得克萨斯农工大学终身教授

2024 年 3 月 12 日

前 言

城市交通出行行为与实验经济学交叉研究是一个新兴的研究方向, 主要是运用实验经济学中日渐发展成熟的实验室实验的研究方法来检验和探究出行者的行为规律. 我们查阅到的第一篇交通路径选择实验论文是 1992 年由日本学者 Iida 等发表在交通科学期刊 *Transportation Research Part B: Methodological* 上, 随后 Selten 等 (2007) 发表在实验经济学家期刊 *Games and Economic Behavior* 上的论文, 启发了以 Rapoport 教授等为代表的一批经济学家开始关注交通选择行为. Dixit 等 (2017) 在交通科学期刊 *Transportation Research Part C: Emerging Technologies* 发表了本方向第一篇综述论文, 意味着实验经济学方法在交通学科的应用已经获得部分学者的认可. 经历 30 多年的发展, 城市交通出行行为与实验经济学交叉的前沿方向已经引起了交通管理学者、经济学者、运营管理学者和计算机科学研究者的共同关注. 相关研究成果发表在了经济、管理、交通科学国际期刊 *American Economic Review*、*Journal of Economic Behavior and Organization*、*Production and Operations Management*、*Journal of Operations Management*、*Transportation Research Part A: Policy and Practice* 等.

相比之下, 国内学者对该方向的关注和研究起步较晚. 我 2015 年获批的国家自然科学基金面上项目 "基于实验方法的出行者路径选择行为特征及路网交通流演化建模研究" 应该是国内率先关注该交叉领域的国家级项目之一, 我所在的天津大学的实验室 MATS LAB 也是国内率先开展相关研究的团队之一, 依托这个项目, 由我和我的导师马寿峰教授合作指导的齐航博士获得了天津市优秀博士学位论文的荣誉. 在最近五年 (2018—2022) 发表的 15 篇策略性交通出行选择行为实验研究中, 由国内学者主导的论文比例增长至 40%. 这一现象说明, 交通科学领域的国际期刊正在越来越接受实验室实验研究范式, 并且国内学者的贡献度越来越大, 逐渐取得了一定的话语权 (齐航等, 2022).

本书的写作动机有二, 一是向青年研究人员分享我们在这一新兴方向上的探索、经验与反思, 希望能够成为一本帮助青年研究人员快速投入本方向研究的入门读物; 二是向更为广泛的管理学、经济学、交通科学学界分享这一研究方向的历史脉络和最新进展, 并从研究方法论的视角探讨实验室实验的研究方法能够助力交通行为研究的合理性和必要性, 以期获得学术共同体的认同, 甚至形成共识. 我们希望看到城市交通管理与实验经济学交叉的研究方向能够吸引更多有志之士的加入, 也希望为这一研究方向继续发展壮大培育环境和土壤.

本书分为四个篇章, 包括方法论篇、理论篇、实验篇和实证篇, 主要介绍了马寿峰教授、我与团队老师共同指导的齐航博士、王光超博士、魏芳芳博士和周丽珍博士的部分研究成果.

方法论篇主要是介绍交通行为实验基本理论和方法, 读者将或许不需要查阅繁杂厚重的实验经济学教材. 第 1 章介绍研究背景和文献概览, 介绍了这一交叉方向的文献分支和各支文献的发展脉络, 帮助读者快速了解 "交通行为实验研究在做什么"; 第 2 章介绍实验室实验的研究方法, 我们尽量将实验经济学各类书籍中的干货整合起来, 帮助读者快速掌握 "怎么做实验" 的理念、方法、准则; 第 3 章探讨实验经济学方法应用于交通行为研究的适用性, 旨在回答 "实验经济学何以行" 的问题, 帮助读者回归到困扰交通管理者的交通问题本身, 并从研究方法论的高度重新审视这一新兴的交叉研究方向的必要性和重要性; 第 4 章则简明扼要地介绍了开展交通行为实验研究的经典理论基础和常用方法基础. 当然, 限于篇幅和能力所限, 更加详尽和权威的介绍请读者自行查看相关文献或综述文章.

理论篇主要以经典的前景理论模型为基础框架, 围绕 "风险和不确定环境下的出行者有限理性路径选择行为建模与分析" 这一主题, 分别从出行者的路网感知、路径评价和路径决策等逻辑阶段描述和改进了出行者的有限理性认知和路径决策行为模型和相应的网络均衡模型, 然后结合理论和算例分析了不同有限理性因素对路网均衡预测的影响和作用规律. 第 5 章研究随机感知偏差对个体旅行时间感知及出行路径决策的影响和作用方式. 第 6 章考虑出行者在路径决策阶段的有限理性行为. 第 7 章综合上述两章的研究构造了风险条件下复杂个体路径选择行为模型, 提出两种多因素参照点模型, 即基于单因素分别最优的理想参照点和基于路径的参照点模型. 现有的日变交通流演化理论模型研究中, 极少有考虑到他人出行经验的影响. 通过社会交互, 个体可以获得他人的出行经验. 在确认了他人出行经验对个体路径选择的普遍影响之后, 第 8 章构建了社会交互和社会学习影响下的出行者的日变路径选择模型.

实验篇收录了 5 篇我们在交通行为实验领域的前期研究成果. 第 9 至第 12 章, 从网络择路博弈的新视角来认识路径选择和调整问题, 运用实验室实验方法来获取交通行为数据, 旨在检验行为学习理论、交通研究领域中经典的离散选择模型和逐日动态演化模型对行为数据的描述力, 发掘出行者路径调整的行为规律和响应模式, 并以此为启发来构建具备更加真实行为基础的网络交通流动态演化模型. 第 13 章关于共享出行的研究以及第 14 章关于无灯控交叉路口的车辆让行决策的研究, 展示了交通行为选择实验研究对于理解更为一般化的人类决策行为和行为演化的潜在贡献. 这两个研究虽然设计了基于交通场景的实验, 然而由于其博弈论的本质, 可以扩展更加一般化意义医疗互助金计划中的互助行为、合资企业中的合作机制等问题，研究贡献也可以"出圈"，因此也分别发表在了行为经济学期刊 *Journal of Economic Behavior and Organization* 和演化博弈论期刊 *Journal of Theoretical Biology* 上.

实证篇包括了运用问卷调查方法所开展的三章内容. 第 15 章针对出行者之间的社会信息交流与交换现象，开展了社交信息对个体路径选择影响的实证调研，并以信息采纳模型为基本框架提出了一个结构方程模型来解释上述影响机理. 第 16 章、第 17 章基于前景理论对驾驶员路径选择行为中的风险态度进行分析，结合问卷和调研的实证数据对风险态度参数进行估计并验证. 同时考虑了驾驶员间的异质性，得到不同类别驾驶员的风险态度特征.

最后，感谢国家自然科学基金青年项目（项目编号：72101085）、国家自然科学基金面上项目（项目编号：72271176）、国家自然科学基金重点国际（地区）合作与交流项目（项目编号：72010107004）、天津大学复杂管理系统实验室 2022 年开放课题重点项目所提供的资助. 感谢国家留学基金管理委员会、天津大学管理与经济学部、湖北经济学院财经高等研究院对我们开展研究和出版图书的资助和支持.

贾 宁

2024 年 3 月 30 日于敬业湖畔

目 录

丛书序
序言
前言

方法论篇 交通行为实验的理论与方法

第 1 章	出行行为实验研究现状	3
1.1	研究背景与问题	3
1.2	国内外研究综述	5
1.2.1	路径选择的行为实验	6
1.2.2	出行方式与出发时间选择的行为实验	13
1.2.3	路径选择的理论模型	15
1.2.4	随机与风险条件下的路径选择理论模型	20
1.3	研究现状评述	27
1.4	本书研究内容	28
1.5	本书研究意义与创新点	30
第 2 章	实验室实验研究方法的简介	32
2.1	实验经济学极简介绍	32
2.2	实验设计的术语和基本原则	33
2.2.1	实验室实验的定义	33
2.2.2	实验设计的常用术语	33
2.2.3	如何通过有效的实验设计来实现"控制"	35
2.3	实验实施的基本原则和流程	36
2.3.1	实验实施的基本原则	36
2.3.2	开展行为实验的一般步骤	39
2.3.3	交通行为实验的基本流程	40
2.4	对交通行为实验研究的常见质疑与回应	40
第 3 章	实验经济学研究方法的适用性探讨	45
3.1	实验经济学应用于交通行为研究的方法论基础	45
3.2	实验经济学发展路径对交通行为研究的启示	47

3.3 当前研究趋势……………………………………………………48

3.4 未来研究方向……………………………………………………49

第 4 章 出行行为分析的理论和方法基础………………………………51

4.1 网络择路博弈……………………………………………………51

4.2 交通不确定性的来源……………………………………………53

4.2.1 环境不确定性……………………………………………53

4.2.2 策略不确定性……………………………………………53

4.2.3 感知偏差随机性…………………………………………54

4.3 有限理性决策理论………………………………………………57

4.3.1 累积前景理论……………………………………………57

4.3.2 基于排序的多因素决策模型……………………………59

4.4 行为学习理论……………………………………………………62

4.4.1 分类和一般框架…………………………………………62

4.4.2 经验加权吸引值学习模型………………………………64

4.4.3 考虑后悔和惯性的马尔可夫过程………………………65

4.5 逐日动态交通路径调整模型……………………………………66

4.6 离散选择模型……………………………………………………68

4.7 多智能体仿真方法………………………………………………69

4.8 序列挖掘算法……………………………………………………70

理论篇 天津大学 MATS LAB 部分出行行为理论研究

第 5 章 基于感知旅行时间分布的前景用户均衡模型…………………73

5.1 主观概率分布与概率权重的对比分析…………………………73

5.2 均衡模型的构建…………………………………………………77

5.2.1 基于感知旅行时间分布的路径前景值…………………77

5.2.2 均衡模型的构建…………………………………………78

5.2.3 模型性质…………………………………………………79

5.3 求解算法…………………………………………………………81

5.4 算例分析…………………………………………………………82

5.4.1 算例 1：一个三条路路网………………………………82

5.4.2 算例 2：多起讫对多路段路网…………………………86

5.5 本章小结…………………………………………………………90

第 6 章 基于排序的双因素用户均衡模型………………………………91

6.1 排序决策模型……………………………………………………91

目 录

6.1.1 排序决策机制下出行者及群体的选择方案集分析……………………91

6.1.2 路径选择概率…………………………………………………………94

6.2 基于排序的用户均衡模型…………………………………………………96

6.3 求解算法…………………………………………………………………97

6.4 算例分析…………………………………………………………………98

6.5 本章小结…………………………………………………………………100

第 7 章 考虑概率认知偏差的排序前景均衡模型……………………………102

7.1 个体决策行为框架回顾与模型假设……………………………………102

7.1.1 个体决策行为框架回顾……………………………………………102

7.1.2 模型假设…………………………………………………………104

7.2 双因素下考虑随机感知偏差的排序前景风险决策模型……………105

7.2.1 双因素下参照点的生成……………………………………………105

7.2.2 双因素下基于感知旅行时间分布的前景值……………………106

7.2.3 均衡模型的构建…………………………………………………108

7.2.4 求解算法…………………………………………………………108

7.3 算例分析…………………………………………………………………109

7.3.1 算例 1：三路段路网……………………………………………109

7.3.2 算例 2：多起讫多路段路网……………………………………114

7.4 本章小结…………………………………………………………………118

第 8 章 社会交互影响下的日变交通动态……………………………………119

8.1 引言………………………………………………………………………119

8.2 基于社会交互的出行者的路径选择模型………………………………120

8.2.1 交通路网…………………………………………………………120

8.2.2 出行者之间的社会交互和社会学习……………………………121

8.2.3 出行者的逐日路径选择行为建模………………………………122

8.3 路网流量的演化…………………………………………………………124

8.4 模型性质…………………………………………………………………129

8.5 数值仿真…………………………………………………………………135

8.5.1 场景设置…………………………………………………………135

8.5.2 简单路网…………………………………………………………136

8.5.3 复杂路网…………………………………………………………140

8.6 本章小结…………………………………………………………………143

实验篇 天津大学 MATS LAB 部分最新出行行为实验研究

第 9 章 动态路径调整的学习过程检验 ……………………………… 147

9.1 本章研究问题与思路 …………………………………………… 147

9.2 引言 …………………………………………………………… 148

9.3 实验数据集与学习模型选择 …………………………………… 150

9.3.1 实验数据集选择 ………………………………………… 150

9.3.2 学习模型选择 …………………………………………… 152

9.4 模型拟合与评价方法 …………………………………………… 152

9.4.1 模型拟合方法 …………………………………………… 153

9.4.2 模型评价方法 …………………………………………… 153

9.5 模型预测的静态结果 …………………………………………… 154

9.6 模型预测的动态结果 …………………………………………… 155

9.6.1 流量分布随时间变化 …………………………………… 156

9.6.2 路径调整比例随时间变化 ……………………………… 158

9.6.3 个体路径调整频率的分布 ……………………………… 159

9.7 本章小结 ………………………………………………………… 161

第 10 章 动态路径调整的行为实验 ………………………………… 163

10.1 本章研究问题与思路 ………………………………………… 163

10.2 实验设计与实施 ……………………………………………… 164

10.2.1 参数设计 ……………………………………………… 164

10.2.2 实验实施 ……………………………………………… 165

10.3 检验基准模型 ………………………………………………… 168

10.3.1 观测变量定义 ………………………………………… 168

10.3.2 模型预测结果 ………………………………………… 169

10.4 惯性和响应强度的不对称性 ………………………………… 171

10.4.1 多元回归分析 ………………………………………… 171

10.4.2 行为解释 ……………………………………………… 173

10.5 响应模式的异质性 …………………………………………… 175

10.5.1 响应模式的测量 ……………………………………… 175

10.5.2 四种典型响应模式 …………………………………… 177

10.6 本章小结 ……………………………………………………… 179

第 11 章 动态路径调整的确定型模型 ……………………………… 180

11.1 引言 …………………………………………………………… 180

11.2 实验组织与描述性统计 ……………………………………… 182

目 录 · xv ·

11.2.1 实验对象 ……………………………………………………182

11.2.2 实验场景 ……………………………………………………182

11.2.3 实验步骤 ……………………………………………………183

11.2.4 实验结果的描述性统计 ……………………………………184

11.3 实验结果的行为学分析 ………………………………………185

11.3.1 换路率 ………………………………………………………185

11.3.2 基准模型 ……………………………………………………186

11.3.3 观测换路率 ………………………………………………187

11.4 模型假设 ……………………………………………………192

11.5 模型构建 ……………………………………………………194

11.5.1 个体换路模型 ……………………………………………194

11.5.2 网络流量演化 DTD 模型 …………………………………195

11.6 均衡性质 ……………………………………………………197

11.6.1 存在性与唯一性 …………………………………………197

11.6.2 稳定性 ……………………………………………………198

11.6.3 与经典均衡的关系 ………………………………………200

11.7 模型标定与检验 ……………………………………………201

11.7.1 两路径网络场景模型拟合结果 …………………………202

11.7.2 三路径网络场景模型拟合结果 …………………………203

11.7.3 模型检验 …………………………………………………206

11.8 解释性数值例子 ……………………………………………206

11.9 讨论 …………………………………………………………207

11.9.1 观测流量波动的复现 ……………………………………207

11.9.2 关于路径依赖的吸引力假设 ……………………………208

11.10 本章小结 …………………………………………………210

第 12 章 动态路径调整的随机型模型 ………………………………211

12.1 引言 …………………………………………………………211

12.2 逐日路径选择实验 …………………………………………213

12.2.1 实验场景 …………………………………………………213

12.2.2 基于选择的确定性离散模型 ……………………………214

12.2.3 确定型模型的局限性 ……………………………………215

12.3 基于路径依赖吸引力的随机 DTD 模型 ……………………215

12.4 模型检验结果 ………………………………………………217

12.4.1 转移流量 …………………………………………………217

12.4.2 下一时步路径流量分布 …………………………………220

12.4.3 均衡流量分布 ……………………………………………… 221

12.5 近似模型 ……………………………………………………… 223

12.5.1 稳定性分析 ……………………………………………… 224

12.5.2 模型比较 ……………………………………………… 226

12.6 数值例子和政策启示 ……………………………………………… 227

12.6.1 网络均衡流量分布 ……………………………………………… 227

12.6.2 演化过程与稳定性 ……………………………………………… 228

12.6.3 计算效率 ……………………………………………… 229

12.6.4 政策启示 ……………………………………………… 230

12.7 本章小结 ……………………………………………………… 230

第 13 章 一类共享出行的社会困境实验 ……………………………… 232

13.1 引言 ……………………………………………………… 232

13.2 实验研究的文献回顾 ……………………………………………… 234

13.3 理论分析 ……………………………………………………… 235

13.3.1 成本分担博弈 ……………………………………………… 235

13.3.2 实验的成本结构 ……………………………………………… 236

13.3.3 均衡分析; 社会困境 ……………………………………………… 238

13.4 实验设计 ……………………………………………………… 239

13.4.1 参与者 ……………………………………………… 239

13.4.2 实验实施 ……………………………………………… 239

13.5 研究结果 ……………………………………………………… 240

13.5.1 初步分析 ……………………………………………… 240

13.5.2 偏离平衡; 参与者角色分析 ……………………………………… 243

13.5.3 个体层面分析 ……………………………………………… 245

13.6 本章小结 ……………………………………………………… 247

第 14 章 演化雪堆博弈中的个体策略更新规则研究 ………………… 249

14.1 研究背景与意义 ……………………………………………… 249

14.2 研究内容与技术路线 ……………………………………………… 252

14.3 国内外研究现状 ……………………………………………… 252

14.3.1 重复雪堆博弈 ……………………………………………… 252

14.3.2 策略更新规则 ……………………………………………… 254

14.4 实验设计 ……………………………………………………… 256

14.4.1 雪堆博弈 ……………………………………………… 256

14.4.2 实验场景 ……………………………………………… 257

14.4.3 实验软件 ……………………………………………… 258

目 录

14.5 实验实施……………………………………………………259

14.5.1 实验组织……………………………………………259

14.5.2 数据概况……………………………………………260

14.6 聚类分析……………………………………………………262

14.6.1 数据预处理……………………………………………263

14.6.2 聚类结果……………………………………………265

14.7 IPM 序列挖掘算法………………………………………267

14.7.1 问题要求……………………………………………267

14.7.2 算法步骤……………………………………………268

14.8 特征模式提取……………………………………………269

14.8.1 重要定义和参数设定………………………………269

14.8.2 不同群体的特征分析………………………………270

14.8.3 高收益群体的特征分析………………………………272

14.9 基于特征模式的 Agent 建模………………………………273

14.9.1 参数估计……………………………………………273

14.9.2 模型检验……………………………………………274

14.10 基于 EWA 学习模型的个体决策建模…………………………275

14.10.1 模型估计与校验………………………………………276

14.10.2 异质个体 EWA 模型………………………………278

14.11 基于 EWA 学习的 Agent 模型………………………………279

14.11.1 参数估计……………………………………………279

14.11.2 模型检验……………………………………………281

14.12 基于 EWA 学习的聚类分析………………………………284

14.12.1 个体参数的空间分布………………………………285

14.12.2 个体决策特征分析………………………………286

14.13 策略与排名……………………………………………287

14.14 本章小结……………………………………………290

实证篇 天津大学 MATS LAB 部分出行行为实证研究

第 15 章 他人出行经验对出行者路径选择影响的实证研究………………295

15.1 引言……………………………………………………295

15.2 他人出行经验影响个体路径选择的情景分析…………………296

15.3 他人出行经验影响个体路径选择的实证调查…………………297

15.3.1 数据收集……………………………………………298

15.3.2 统计分析……………………………………………………299

15.4 他人出行经验对个体路径选择的影响机制……………………300

15.4.1 信息采纳模型概述………………………………………300

15.4.2 概念模型构建……………………………………………302

15.4.3 研究假设…………………………………………………304

15.4.4 变量的测量………………………………………………307

15.4.5 数据的收集………………………………………………310

15.4.6 数据分析…………………………………………………310

15.5 讨论与启示……………………………………………………315

15.5.1 结果讨论…………………………………………………315

15.5.2 结果启示: 路径选择社会交互的真实场景分析…………316

15.6 本章小结………………………………………………………319

第 16 章 VMS 诱导信息对驾驶员路径选择影响的实证研究……………321

16.1 研究概述………………………………………………………321

16.2 VMS 交通信息下的路径选择行为分析………………………322

16.2.1 交通信息下路径选择行为的影响因素研究………………322

16.2.2 VMS 诱导信息下路径选择过程…………………………324

16.3 路径选择行为的 SP 调查方案设计……………………………325

16.3.1 VMS 信息情景构建基础…………………………………326

16.3.2 情景实验设计……………………………………………328

16.3.3 问卷设计…………………………………………………330

16.4 调查数据的初步分析…………………………………………332

16.4.1 样本筛选…………………………………………………332

16.4.2 样本属性分析……………………………………………332

16.4.3 不同场景的路径选择行为………………………………333

16.4.4 VMS 存在的问题………………………………………334

16.5 诱导服从行为的有序回归分析………………………………335

16.5.1 诱导服从率………………………………………………336

16.5.2 自变量分析和提取………………………………………338

16.5.3 模型描述和检验…………………………………………340

16.5.4 结果分析和讨论…………………………………………341

16.6 本章小结………………………………………………………346

第 17 章 中国天津车牌限制政策下通勤者接受度及行为反应的案例研究…347

17.1 引言……………………………………………………………347

17.2 文献综述………………………………………………………348

目　录

· xix ·

17.3　研究方法 ……………………………………………………350

　　17.3.1　背景: 天津市的车牌限行政策 ………………………………350

　　17.3.2　理论框架 ……………………………………………………350

　　17.3.3　问卷设计 ……………………………………………………353

　　17.3.4　测量和样本 ………………………………………………354

17.4　结果 ……………………………………………………………356

　　17.4.1　后接受度和行为反应的描述性分析 ………………………………356

　　17.4.2　影响后接受度的因素 ……………………………………………358

　　17.4.3　后接受度与行为反应之间的相关性 …………………………359

17.5　本章小结 ……………………………………………………………361

　　17.5.1　实施车牌限行政策的洞见 …………………………………361

　　17.5.2　研究局限性 …………………………………………………362

参考文献 ………………………………………………………………364

附录 1　实验说明样例 ……………………………………………………394

附录 2　对数正态分布旅行时间的第一到四阶矩计算过程 ………………402

附录 3　实际和感知路径旅行时间的第一到四阶矩计算过程 ……………403

附录 4　对数正态分布出行需求下路段实际旅行时间的第一到四阶矩的
　　　　推导过程 ………………………………………………………405

后记 1　关于出行行为实验的咨询 ……………………………………408

后记 2　出行行为实验代表性文献列表 …………………………………409

《交通与数据科学丛书》书目 ………………………………………………411

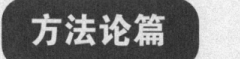

交通行为实验的理论与方法

第 1 章 出行行为实验研究现状

出行者路径选择行为分析是预测城市交通状态、制定有效的交通控制诱导策略以及实施交通基础设置布局与优化的重要基础，然而在真实路网上通过实证观测探究出行择路原则的难度很大。近年来，随着行为学、心理学理论的日益丰富和实验室实验方法的日渐成熟，行为经济学理论和实验经济学方法，为择路原则和交通网络动态演化的研究提供了新的视角和研究框架。本章首先介绍研究背景与研究问题，接着介绍国内外对于路径选择行为的实验以及理论建模的研究现状，最后在研究现状评述的基础上，提出本章研究内容与研究路径图，总结潜在的研究意义。

1.1 研究背景与问题

近年来，随着我国经济和社会的快速发展，城市交通拥堵问题也日益严峻。一方面，城市居民的机动车保有量、私家车出行比例逐年上升，另一方面，社会、经济、文化活动的日益丰富，也使得居民的非通勤出行需求不断扩大，居民交通出行总量迅速增加。城市交通拥堵已经成为困扰交通系统效率和效能的发挥，制约大城市经济发展以及人们生活质量提高的大问题。随着城市交通的供需不平衡问题越发凸显，世界各国纷纷实施了各类的交通管理和控制措施。这些管理和控制措施基本可以分为需求管理和供给管理两个方面。

在供给侧，由于交通供给在时间和空间上无法存储、无法转移，以及复杂的城市路网拓扑结构和通行规则，拥堵问题往往不能单纯通过增加供给而解决，其典型的例证是著名的 Braess 悖论 (Braess, 1968). Braess 悖论在现实路网中发生的可能性已经被实证和实验研究反复证实，即由于出行者独立地自私地选择路径，为路网增加额外的道路或提高现有道路通行能力，有时反而会导致整个路网的整体运行水平降低。在 1969 年，德国 Stuttgart 市曾经尝试在路网中增加一些道路，结果却造成了令人意外的交通拥堵，最后不得不恢复路网的原状 (Werner and Braess, 1969). 与此相反，在 1990 年，美国纽约市宣布在地球日当天封闭位于曼哈顿繁华区的第 42 号大街，而这个措施对于交通负担严重的曼哈顿区来说并非雪上加霜，反而产生了难以置信的效果，相比于平日里的拥堵状况大有好转 (Kolata, 1990).

在需求侧，交通需求管理政策（如交通诱导信息提示、机动车尾号限行等）通过影响出行者的出行行为（是否出行、目的地选择、交通方式选择、出发时间选择、路径选择等），达到减少或重新分配人们出行对空间和时间的需求的目的。然而，Zhou 和 Wu(2006) 收集和分析了北京市共计 497 份有效调查问卷，发现出行者根据所获得的交通信息从而改变原来的路径选择、可能改变原本的路径选择、完全不会改变路径以及不确定会不会改变的驾驶员比例分别为 16.9%，65.4%，11.5%，6.2%；Wei 等 (2016) 基于天津市机动车尾号限行政策进行了问卷调查和关键道路流量实证研究，发现表示"使用小汽车的意愿增强"的受访者的比例达到 51.4%，而流量数据也显示 67.7% 的路口休息日期间整体交通流量与限行前相比发生了显著增长。

综上，一些交通管控措施产生"事与愿违"的效果，一方面是交通系统本身的复杂性和不确定性导致的，另一方面是由于交通管理者对于出行者的路径选择行为规律还缺乏充分的认识，对于出行者如何响应相关政策未能做出合理评估。因此，"出行者路径调整行为规律的实证与建模"研究不仅是关于不确定或风险条件下个体决策和群体动态的基础性研究，而且作为交通分配的基础，还具有重要的实践指导意义。如何构建路径选择或路径调整模型，尽可能真实地刻画现实出行者的行为规律，从而对网络流量分布及其演化过程形成更为合理和准确的预测，是交通研究者十分关切的问题，也是本研究的出发点。目前针对这一问题的研究，大致可以分为理论建模和实证实验两个方面。

理论研究大多从两种思路开展，一方面是通过引入行为学或心理学的成果提出更加具有"有限理性"特征的静态路径选择模型及网络均衡模型，关注网络最终的均衡状态，另一方面是提出更为合理的微观路径动态调整规则，关注于交通分配的动态演化过程，相关理论成果被称为逐日动态交通路径调整模型 (day-to-day traffic dynamics)(He et al., 2010; Watling and Hazelton, 2003; Smith and Wisten, 1995). 研究者基于不同的路径选择原则假设而构造出不同的网络均衡模型。早在 1952 年，著名学者 Wardrop 基于"所有出行者均了解网络的全部交通状况，能够正确地计算所有路段的出行成本，且总是能够正确地选择时间最短的路径"的路径选择行为假设，提出了用户均衡 (user equilibrium, UE) 理论 (Wardrop, 1952)；基于"所有出行者按照使得系统平均或总出行成本最小为目标选择进行路径选择"的行为假设，提出了系统最优分配 (social optimization, SO) 理论。随后，研究者基于"所有出行者对于路径成本的感知随机地偏离实际旅行时间，以一定概率选择随机'感知'成本最小的道路"的行为假设，发展出了随机用户均衡 (stochastic user equilibrium, SUE) 理论。日变交通流演化建模从系统动态演化的视角，开辟了研究网络交通分配及演化机理的新领域，使得网络交通分配的研究更加贴近实际。近年来，随着行为学、心理学理论成果日益丰富，以"前景理论"、"学习理论"为代表的行为经济学飞速发展，一个明显的研究趋势是，交通研究者们将许多最新行为理论引入作为选择路原则的基础假设，提出越来越多的基于"有限理性"的路径选择模型、静态网络均衡模型和动态交通路径调整模型. 由此, 本书提出了第一个研究问题.

研究问题一 行为学习理论作为行为学和心理学领域的最新理论成果, 是否可以直接被引入交通领域用来建模动态路径调整行为? 具体来说, 学习理论是否能够较好地描述人们在实验中表现出的动态路径调整行为?

与理论研究的蓬勃发展形成鲜明对比的是, 路径选择行为的实证研究发展较慢, 其原因主要是交通系统的复杂性、"人"的心理因素的不可测和不确定性. 一方面, 交通需求时时刻刻在发生, 在整个城市的庞大道路网上流动, 在时间上和空间上均很难进行有效的分割来开展研究. 并且交通需求是由经济和社会发展的需求派生而来, 社会、经济、生态环境中的变量均会对交通行为产生或大或小的影响. 因此, 在真实路网上实证观测群体的路径选择行为的干扰因素众多, 难度很大. 另一方面, 作为交通系统五大要素中起决定性作用的要素——出行者, 每个出行者个体的出行目标、时间感知、思维模式、出行习惯可能差别大, 有些难以直接观测或者测量. 出行者在择路时还可能受到外部信息、内在情绪、对政策的支持态度等的影响, 不确定性很强. 因而, 目前为数不多的实证研究也只是集中在重复发生、规律性较强的"日常通勤择路行为". 然而, 近年来, 随着实验室实验 (laboratory experiment) 方法的日渐成熟 (Smith, 1976; Crawford and Iriberri, 2007), 对于路径选择行为的实验研究成为运营、交通与经济学的交叉领域的热点问题之一. 实验室实验方法通过恰当地控制一些干扰因素, 有助于提升研究结果的内部有效性 (internal validity), 成为传统交通实证方法的有力补充. 由此, 本书提出了第二个研究问题.

研究问题二 在恰当设计的实验室实验中, 参与者们在实验设置的路网上表现出怎样的行为规律? 现有的交通领域理论模型 (离散选择、逐日动态理论) 是否能够较好地描述这些行为规律? 如果不能, 如何构造具有更加真实行为基础的网络交通流动态调整模型.

1.2 国内外研究综述

城市道路交通系统是一个有"人"参与、为"人"服务的具有不确定性的复杂巨系统, 它的目标是借助道路网和多种交通运输工具, 在交通管理和控制措施的辅助下, 实现多样化的出行需求在时间和空间两个维度上的移动. 出行者的决策行为分析与建模, 一直以来就是国内外城市交通网络研究领域的热点与难点问题 (黄海军等, 2018; 贺国光, 2004). 经过几十年的发展, 交通网络平衡分析已经取得了大量的研究成果, 主要包括将实验室实验方法引入路径选择的研究, 将行为学、心理学的最新成果引入以完善路径选择理论等. 受实验经济学与行为经济学发展的影响, 目前交通出行选择行为研究呈现出明显的学科交叉的趋势 (Dixit et al., 2017; Rapoport et al., 2018).

一方面, 随着行为心理学成果的日益丰富, 以"前景理论"和"学习理论"等为代表的行为经济学 (behavioral economics) 飞速发展 (Tversky and Kahneman, 1992), 交通行为研究者借鉴行为经济学的最新理论成果提出越来越多的基于"有限理性"的路径选择模型 (田丽君等, 2016; 王浩和闫小勇, 2022; 潘晓锋和左志, 2022; 齐航等, 2021)、网络均衡模型 (Wang et al., 2014; Wang et al., 2013) 和动态交通路径调整模型 (Smith, 1976; Zhu et al., 2016; Song et al., 2019). 另一方面, 随着实验室实验方法日渐成熟, 以 Selten、Rapoport 教授团队等为代表的一批经济学者针对交通网络上的路径选择、出发时间选择等策略性交互行为开展了大量的实验室实验 (Zhu et al., 2016; Song et al., 2019). 因此, 出行选择行为实验研究日渐发展成为交通管理与经济学交叉的热点问题之一.

1.2.1 路径选择的行为实验

从供应链管理的视角, 交通运输网络是物流运输管理的重要要素, 不同的物流需求主体需要竞争性地使用同一个城市道路网络来完成在不同的集散地或起终点之间的物品运输; 从经济学的视角, 许多自我利益 (self-interested) 驱动的个体需要共同使用有限的道路资源或机场等公共交通设施, 当其经过各自路径相互重叠的路段时, 常常会产生负的外部性 (externalities), 又称作拥挤成本, 即一方对资源的使用, 会对其他使用者产生负的效用. 早在 1920 年, 英国经济学家 Pigou 就开始关注自私的个体在无中央控制的条件下, 自发自愿地选择自身最有利的路径时会造成的系统无效率现象 (Pigou, 1920). 不难看出, 自私个体在面对具有拥挤效应的路网时如何策略性地进行路径选择的问题, 不仅是交通管理者所关心的, 也吸引了很多运营管理和经济学者的关注.

1.2.1.1 分类

贺国光 (2004) 认为交通系统作为一个有"人"参与的时变复杂巨系统, 具有不可忽视的不确定性, 研究者通常把这种不确定性分为两类: 第一类是环境或者外生不确定性, 通常是由于突发交通事故、雨雪天气、瓶颈路段、临时的社会活动等原因导致的路段通行能力的随机变化; 第二类是系统内生不确定性, 多是由交通需求的内在波动性引起的. 与此相对应, 现有的路径选择行为实验也大致可以依据不确定性的来源分为两类. Mak 等 (2015) 称之为环境不确定性 (environmental uncertainty) 和策略不确定性 (strategic uncertainty); Dixit 等 (2017) 称之为外生环境 (exogenous environment) 和内生环境 (endogenous environment), 但两种分类方法的本质是一致的 (杜宁华, 2017).

1.2 国内外研究综述

第一类实验往往假设道路的旅行时间服从某种给定的随机分布, 而不同的路径在随机分布的均值和方差上有所不同 (例如, Ben-Elia et al., 2008; Ben-Elia and Shiftan, 2010; Avineri and Prashker, 2006). 这种情况下不确定性是外生的, 用来刻画道路通行能力由于交通事故、恶劣天气、道路维修等原因而产生的随机变化, 个体选择对于他人不产生任何的外部性. 这类实验通常以期望效用理论的预测为参照, 研究目标在于观察个体在旅行时间不确定条件下的决策偏好, 其理论贡献在于个体决策 (individual decision-making) 领域. 这类实验的结果有助于我们认识到诸如旅行时间波动性、路径的多重属性 (时间和金钱) 对于个体选择偏好的影响, 因此也启发了一些诸如基于前景理论的路径选择模型等理论成果.

第二类实验则假设道路的旅行时间是由共同选择它的总人数决定的. 在这种假定下, 无论研究假设个体选择之间存在负外部性还是正外部性 (如共享交通的出行方式), 这种不确定性都是内生的, 是由于分散自治的个体独立做出的决策发生的相互作用. 这种假设通常刻画由于拥挤效用的存在, 其他人的选择会影响自己预期的收益, 从而影响自己的决策的现象. 正如美国职业棒球捕手 Yogi Berra 在被问及为什么不再去圣路易斯城某热门酒馆时的回答, "过去每个周六晚上那里都太拥挤了, 没人会再去了." 这类实验通常将群体在网络结构上的路径选择问题用一个 N 人非合作的博弈问题来描述, 研究目标大多在于检验纳什 (Nash) 均衡理论对于群体在路网上的流量分布的预测能力、发现和解释 "默契的协调现象" (tacit coordination) 等 (Erev and Rapoport, 1998). 这类研究的理论贡献于交互群体决策 (interactive group decision-making) 领域.

还有极少量实验研究, 如 Rapoport 等 (2014) 以简化的形式同时考虑这两种不确定性. 上述两类实验更深层次的区别在于对出行者个体决策对于系统状态的边际影响大小的假设. 前者假定群体数量足够大, 每个个体的选择对于宏观网络层面的流量分布和旅行时间分布的影响可以忽略不计, 即个体是非原子性的 (non-atomic), 经典的 Wardrop 用户均衡便是基于这种假设; 后者假定每个个体的选择对于网络状态的影响是不可忽略的, 个体是原子性的 (atomic), 而这类假设则适合使用博弈论进行研究, 经典的应用是在货运交通中广泛使用的古诺-纳什均衡 (Cournot-Nash equilibrium)(Haurie and Marcotte, 1985).

综合相关文献, 第一类实验的研究群体以交通研究者为主, 实验观察的是个体决策行为. 相关研究发现参与者在外生不确定性条件下确实会出现一些偏离期望效用理论预测的行为, 受此启发已经产生了大量的理论成果. 而第二类实验的研究群体目前以经济学和行为运营学者为主, 从数量上来说相对较少, 而这种策略不确定性在日常交通出行中却十分常见, 典型的例子如某些通勤者上班时会选择 "错峰出行", 一些出行者由于预判到主干道的流量比较大而可以绕开主干道等, Wei 等 (2016) 的实证研究也指出, 出行者受他人出行经验的影响而改变路径是一个非常普遍的现象. 由于拥挤效应的存在, 人们对于其他人会如何决策的预期和判断, 会影响自身的目的地选择、路径选择、出发时间选择、出行方式选择等出行行为的各个方面. 在这种情形下, 分散自治的个体会如何决策, 在群体层面会集聚为怎样的流量分布状态、经历怎样的演化动态, 这些问题都亟待实验研究进一步探索. 因此, 本小节主要关注于第二类实验, 即策略不确定环境下的路径选择行为实验, 本书的研究内容也主要贡献于这一方面. 下面根据实验研究目标的不同分为三类进行分别综述.

1.2.1.2 信息影响

一直以来, 交通研究者对于先进出行者系统 (ATIS) 帮助出行者减少所面对的不确定性从而减缓交通拥堵抱有很高的期待, 然而目前, 实证和实验的结果均没有得到一致性的结果.

Ben-Elia 和 Avineri(2015) 在综述论文中将实验研究交通信息种类大致分为两类: 行前信息 (pre-trip information) 是指出行者在出发之前获得的各路径在过去若干单位时间上 (天、周等) 实际发生的旅行时间分布的历史记录情况; 实时或在途信息 (real-time or en-route information), 是指出行者在行驶过程中不断获得的各路段旅行时间等实时更新的情况. 行前信息又根据实验假设的不同, 分为部分信息和完全信息. 在部分信息的实验处理中, 参与者只能了解到自己过去所选择的路径的成本分布情况; 而在完全信息的处理中, 参与者可以了解整个路网所有路径的成本分布情况.

探究提供行前信息对于路径流量分布影响的实验研究最早可以追溯到 1992 年, 日本交通研究者 Iida 等 (1992) 根据 BPR 函数形式设计了单 OD 两条平行路径的路网, 参与者被随机分配到两个实验处理中 (部分信息和完全信息), 在每一轮中, 参与者被要求首先对于两条路径的旅行时间进行预测, 随后进行路径选择, 该过程重复 20 轮来模拟连续 20 天的出行. 结果发现路径流量分布平均来说非常接近于均衡预测, 然而相邻轮次之间选择的波动始终持续. 德国博弈论研究者 Selten 等 (2007) 仍然使用部分信息和完全信息两个实验处理, 针对经典的两条具有线性成本函数的平行路径的路网, 召集 180 名参与者随机分成五组进行对照试验, 再次印证了纳什均衡在平均意义上预测路网流量分布的能力. 还发现, 群体在完全信息处理下的平均换路频率显著高于部分信息处理下, 个体的整体收益情况与其换路总频次成反比. 该研究发表在实验经济学顶级期刊上, 其开创性的意义还在于从微观角度提出了两类显著区别的信息响应模式: "直接响应型" 参与者, 他们接收到上一轮的路径收益情况的信息后, 会以较大的概率选择历史上收益更好的路径, 而 "反向响应型" 参与者则由于预判到大多数人会是 "直接响应型" 的而导致过去历史收益更好的路径反而会变得更差, 从而避免选择上一轮收益更好的路径.

Meneguzzer 和 Olivieri(2013) 将用于上述研究中的两条路径简单路网扩展到了三条平行路径的网络, 组织了 30 名具有不同身份和背景的参与者进行了路径选择动态的实验. 参与者每一轮都只能够获得自己所选路径的时间反馈信息. 结果显示, 路网中的流量在 50 轮次的实验中一直处于幅度较大的波动之中, 网络流量虽然能够偶尔达到用户均衡的预测, 却无法稳定在用户均衡上. 另外, 个体选路的更换频率与其所经历的旅行时间的历史均值显著相关, 然而, 这两个变化与参与者的个人特征 (年龄、性别、是否为真实通勤者) 的关系在统计上并不显著. 这一结果一定程度上支持了在基于大学生作为参与者而进行的实验室实验中得到研究结论的外部有效性 (external validity), 即在大学生参与者群体中发现的行为规律一定程度上能够一般化到真实的出行者群体上. Lindsey 等 (2014) 仍然沿用经典的两条平行路径网络, 然而改进了路径成本函数的构造, 从而同时刻画环境不确定性 (路径状态设定为两种, 好或坏) 和策略不确定性 (无论何种路径状态下, 路径成本均为流量的函数). 作者根据是否在参与者决策之前告知路径状态好坏、两条路径状态之间的相关关系的高低两类变量, 设计了 2×2 实验室实验, 研究当道路同时存在拥堵效应和不可预测通行能力波动的情况下, 出行者如何决策以及相应交通流量的演化情况. 实验结果证实了理论上 "信息悖论" 的存在, 即当两条路径的通行能力随机波动没有明显相关关系时, 提供更多的行前信息有利于系统效率的提升, 然而当所有路径通行能力波动出现强相关性时, 提供行前信息反而使得系统旅行时间上升.

综上所述, 关于行前信息对于路径选择和网络动态起到积极影响或是负面影响, 目前仍没有统一的答案. 一些支持行前信息积极作用的证据包括, 可以促进换路频率的降低, 从而加速向着均衡预测收敛的速度; 大部分实验则未发现网络流量分布在部分信息和完全信息条件下具有显著的区别; 还有一些实验显示了负面作用的证据, 即 "信息悖论". 为了取得更加确定的答案, 需要进行更多针对性的实验研究.

对于实时在途信息对路径选择影响, 是另一个实验研究较多涉及的问题. Mak 等 (2015) 不再像大多数以往实验一样采用平行路径的路网, 而是设计了一个由 12 条路段和 8 条互相各有重叠的路径组成的复杂路网, 招募十组参与者分别参与了实时在途信息和行前信息两个实验处理. 在实时信息条件下, 出行者每通过一个路段到达一个交叉口, 便得到目前路网旅行时间分布的完全信息, 进行下一路段的决策. 统计结果显示, 参与者在两个不同的实验处理下所表现出的学习行为并没有显著的差异. 并且, 出行者对于实时反馈信息的敏感一定程度上加速了路段间流量的协调, 帮助每个出行者形成一个近似于纯策略均衡的路径习惯, 因此在实时信息的情景下人们表现出更多的惯性行为. 同样, Adler(2001) 检验了路径诱导中的学习效应, Lu 等 (2011) 结合了学习理论探讨信息的影响, Ben-Elia 等 (2008) 研究了实时信息和历史经验的联合作用, Ben-Elia 等 (2013) 研究了实时信息准确度对于路径选择的影响.

1.2.1.3 网络悖论

在交通网络研究中存在三类著名的反直觉的悖论: Braess 悖论、Pigou-Knight-Downs(PKD) 悖论 (Morgan et al., 2009) 和 Downs-Thomson(DT) 悖论 (Denant-Boèmont and Hammiche, 2010; Dechenaux et al., 2014). 研究者起初只是利用博弈均衡分析得到这些悖论可能发生的理论条件, 随后实验经济学家很快在严格控制的实验中验证了这些推论.

Braess 悖论最早由 Braess 在 1968 年提出, 其内涵是, 为路网增加额外的道路, 在一定条件下反而会导致整个路网的整体运行水平降低 (Braess, 1968). 随后, Steinberg 和 Zangwill(1983) 认为, Braess 悖论是常见现象而非稀有事件; 而 Roughgarden 和 Tardos(2002) 证明了在大型的单 OD 随机网络中, 假设道路具有线性成本函数, 则随着网络中边数的增加, 移除一条道路从而使得系统效率增加的概率将会趋近于零. PKD 悖论是指增加了现有道路的通行能力会引起更多新的交通需求, 从而不能达到减轻拥堵的预期目的. DT 悖论是指对于由两条平行路径组成的路网, 其中一条具有负外部性, 使用的人越多所有用户的平均旅行时间越长; 另外一条路径具有正外部性, 比如, 公交线路会随着需求的增加而增加发车频次, 在一定的条件下, 扩展具有负外部性道路的通行能力, 可能会吸引原来选择公共交通方式的人群转向通行状况改善的道路, 从而降低整体系统效率 (Arnott and Small, 1994; Ding and Song, 2012).

为了使用严格控制的实验室实验方法证实 Braess 悖论的存在, Rapoport 等 (2009) 将 96 名参与者随机分成六组, 针对两个不同的路网拓扑结构, 分别完成"新增道路"和"消除道路"两种情景的对照实验. 实验结果拒绝了 "Braess 悖论的影响微乎其微, 并且会随着人们出行经验的积累而得到减弱" 的假设. 许多研究受此启发, 逐渐放松了多个方面的实验假设, 不断地验证了纳什均衡理论的预测能力和 Braess 悖论现象出现的鲁棒性. Rapoport 等 (2006) 将固定需求扩展为不同的需求水平, Rapoport 等 (2008) 研究了包括 9 条路段更为复杂的路网结构, 假设同一路段对于不同出行者具有异质的成本函数, Gisches 和 Rapoport(2012) 将完全信息放松为部分信息, 扩容后的路网具有六条路径, Rapoport 等 (2014) 将每个参与者代表单位流量扩展为每个参与者控制多个流量, 通过在不同路径上的分配而追求自身总成本最小化.

关于 PKD 悖论的实验检验, 目前尚没有一致的结果. Morgan 等 (2009) 设计了两条平行路径的路网, 招募六组实验者, 每组 18 人参与重复 60 轮次的博弈实验, 结果发现, 路段通行能力的改变确实会引发流量分布的显著变化, 但是是朝着效率方向移动, 还是朝着 PKD 悖论发生的方向移动, 均未获得统计显著的结论. 而 Hartman(2012) 同样采用两条平行路径的路网, 在重复 20 轮次的实验中, 无论是在收费或不收费两个不同的处理中, 均证实了 PKD 悖论的出现. 两个研究共同发现了一些偏离均衡理论预期的行为, 比如始终持续发生的换路行为.

Denant-Boèmont 和 Hammiche(2010) 是第一篇实验检验 DT 悖论的研究, 在实验的第一个阶段, 一个扮演公共交通运营者的参与者负责选择公共交通的服务水平 (高或者低), 在第二阶段, 由 15 人组成的参与者扮演出行者在给定的服务水平下, 在公共交通和私有道路之间进行重复 20 轮次的路径选择. 作者发现了 DT 悖论确实会发生, 也报告了均衡理论对于群体选择的预测表现相当好. 随后, Dechenaux 等 (2014) 在此基础上, 进一步对结论进行了鲁棒性检验, 他们针对群体规模、公共交通收费标准这两个潜在影响因素设计了三个实验处理, 发现了 DT 悖论仍然存在, 而且系统效率损失程度随着群体规模的缩小和公共交通收费的增加而减少.

1.2.1.4 检验理论

策略不确定性条件下的路径选择问题常常用 N 人非合作博弈来描述, 因此检验纳什均衡的预测能力往往是上述大部分研究的实验目的之一. 明确以检验现有理论为研究目的的研究还有如下几篇值得一提.

Lindsey 等 (2014) 首先阐述了路径可能同时存在拥堵效应和通行能力随机骤降的情况, 在此假设下提出了考虑行前信息影响的路径选择模型和网络均衡模型. 该模型可以预测两条性质, 即在两条路径的自由流时间不等、成本函数为凸函数等条件满足的情况下, 所有出行者的期望出行成本总和随着行前信息的发布而提高; 而在另外一些条件下, 发布信息会降低总的期望出行成本. 随后, 针对理论假设而设计实验, 利用几组不同通行能力情景的实验, 验证并支持了模型的上述两点预测. 这是一个理论指导实验、实验验证理论的良好范例.

另外, 与以往实验只关注纯策略纳什均衡的预测不同, Dixit 和 Denant-Boemont(2014) 设计三类实验, 区分了纯策略纳什均衡、混合策略纳什均衡和随机用户均衡这三种均衡理论的预测, 以评估哪种均衡对数据具有更好的描述力. 研究发现, 假设个体存在认知偏差而导致波动的随机用户均衡理论, 不仅准确地预测了不同路径的平均流量分布, 而且很好地预测了流量的波动. 这一研究给我们的启示是, 随着理论模型的丰富, 实验室研究的一个可能贡献在于, 对比检验多个竞争性的备选理论的预测.

基于这一思路, 为了检验不同的基于路径的 day-to-day 理论模型解释实际路径选择行为的相对效果的优劣, Ye 和 Yang(2017) 基于微信社交平台组织并实施了包括三条路径路网的虚拟实验. 在基于确定性用户均衡的 day-to-day 演化模型中选择了四个代表性的路径选择调整规则, 运用统计方法检验了路径流量和路径之间成本差对于路径之间换路率的非线性影响. 另外, 数据分析并没有发现参与者对于不同路径存在明显不同的偏好, 学习效应也比较微弱, 发现了人们对于费用的敏感性会随时间变化. 在以上分析的基础上, "理性行为调整过程"(rational behavior adjustment process, 简称 RBAP) 的假设基本上得到了数据的支持.

另外, 还有一些关于路径选择或出发时间选择的实验则发现了关于"有限理性"的证据. Zhao 和 Huang(2016) 基于一个单 OD 两路径的简单路网, 组织了 18 人规模的 30 轮次的实验, 证实了人们在路径选择行为中存在"惯性", 出行者并不一定是严格地追求期望效用最大化, 而更可能是采用一种有限理性的满意准则. Sun 等 (2017) 实施了基于瓶颈路段的出发时间选择的实验室实验, 发现了无论实验设置的参数尺度如何变化, 宏观层面上集体选择都接近于用户均衡理论的预测, 并且交通信息对于群体行为和个体行为产生的影响是不同的. 尽管瓶颈模型理论预测的效果不错, 然而人们确实存在一种适应性学习的过程, 表现为强化学习和 Fermi 学习模型均可以比较好地重现实验结果.

1.2.1.5 小结

上述在策略不确定性条件下的路径选择行为实验研究, 虽然研究目标和侧重点不同, 然而具有以下几个方面的共性.

第一, 这类重复的路径选择决策场景往往被抽象为重复进行的 N 人非合作博弈, 本书将之统称为网络择路博弈 (network routing game)(Roughgarden, 2007), 其定义将在第 2 章中进行介绍.

第二, 数据分析多以群体水平为统计单位, 以纯策略或混合策略纳什均衡为参照模型. 少量研究也分析了个体层面的数据, 发现了在换路频次上表现出的显著的个体异质性. 目前有一些在大多数实验中共同涌现出的现象或行为规律, 汇总如下: ①纳什均衡理论基本能够作为群体水平 (而非个体水平) 上的选择分布的一种近似描述; ②然而系统中的波动贯穿实验始终, 无法稳定在纳什均衡的预测状态, 这可能是由于某些参与者高估了新信息的重要性而表现出对于旅行时间波动的"过度反应"; ③个体在换路频次上表现出显著的异质性; ④简单的学习模型能够大致重现实验的宏观现象, 这一结果也暗示了个体层面的有限理性仍然有可能导致群体层面的高度理性的选择分布.

第三, 以往的实验研究往往提出简单的强化学习模型或后悔最小模型来描述实验现象. 这些理论模型均假设人们是短视的 (myopic)、基于历史和现状而学习, 而在实验中发现的远视 (far-sighted) 行为, 如 Selten 等 (2007) 研究中提出的"相反响应型"参与者, 由于预见到了所选路径在未来出行拥堵的可能性而变换到其他路径的行为，却不能够由以上模型来刻画。这个缺陷一定程度上限制了研究者的视角和相关理论发展的可能性.

综上所述，路径选择行为实验研究还处在比较初期的阶段. 考虑网络拥挤效应的实验以经济学研究者为主，侧重于检验静态均衡，而对交通管理者关心的路径动态调整过程缺乏足够的重视. 实验方面虽然已经取得了不少瞩目的成果，然而根据研究目标的不同而较为零散，缺乏系统比较，尚未启发和促进交通网络理论的发展，即与相应网络均衡理论尚未建立起互相促进的"对话"关系.

1.2.2 出行方式与出发时间选择的行为实验

路径选择、出行方式选择和出发时间选择均是假定出行者在策略不确定条件下受到他人决策影响的决策行为，然而也存在差异. 关于路径选择决策，个体出行者的各选方案（即可选路径）是给定需求的起迄点对（origin-destination pair，简称 OD 对）后，由特定的网络拓扑结构而生成的，一般是离散的、具体的. 出行者群体选择的结果是需求或流量在空间维度上的分布. 关于出发时间决策，个体出行者的各选方案（即可选时间点）不依赖于特定的网络拓扑结构，可能是离散的或连续的，因此备选方案集合的规模一般更为庞大. 出行者群体选择的结果是需求或流量在时间维度上的分布. 针对出行方式决策，个体出行者的各选方案（即可行的出行方式）也不依赖于网络结构，而且往往是离散的、抽象的，备选方案集合规模一般较为有限，因此出行方式选择中行为规律的一般性较强，更容易迁移应用到其他类似的离散选择问题中，例如，Rapoport 等（2019）探讨了人们选择是否加入成本分摊的公共出行方式的实验现象和结论，对于解释人们是否选择参与医疗互助金计划等其他领域的离散选择问题也具有启发意义.

1.2.2.1 出行方式选择的行为实验

除了与路径选择决策相关的 Braess 悖论之外，交通中另一种常见的悖论 Downs-Thomson(DT) 悖论则是与出行方式选择决策相关的. 它是指在一定条件下，改善道路通行能力可能会吸引原来选择公共交通方式的人群转向使用私家车自驾出行，从而使得扩容后的道路再次变得拥挤，整个系统效率降低的现象. Denant-Boèmont 和 Hammiche(2010) 的研究是目前已知的最早采用实验室实验方法验证了 DT 悖论存在的研究. 实验分为两个阶段，首先由一位扮演公共交通运营者的参与者选择公共交通的服务水平，其次给定服务水平不变，其他参与者扮演出行者在公共交通出行和私家车出行之间进行重复选择. Dechenaux 等（2014）进一步检验了结论的稳健性.

随着共享交通的发展普及，"拼车"成为越来越多人的出行选择，一些实验研究率先开始关注这类成本分摊的共享出行（cost-sharing or ride-sharing）行为. 区别于路径选择行为实验，出行方式选择行为实验中的个体的出行方式选择不完全是具有负外部性的特征, 还可能具有正外部性, 即选择的总人数越多, 人均成本越低. 实验设计中最常见的也是代表正外部性最简洁的成本分摊函数形式是 $\frac{m}{f}$, 其中 m 是给定常数, 代表该出行方式的总成本, f 为选择该方式出行的总人数. 在 Liu 等 (2015) 的实验中, 参与者要在固定成本的私家车、均摊成本但总成本较低的拼车 (carpool) 以及均摊成本且总成本较高的班车 (shuttle) 这三种出行方式之间进行重复选择, 结果发现, 人们很快能够找到均衡方案. 受此启发, Rapoport 等 (2019) 将对称参与者假设一般化为非对称参与者的设定, 构造了非对称/完全异质的私人成本, 参与者需要在固定成本且异质的私人出行方式和均摊成本的公共出行方式之间进行重复选择. 实验结果同样验证了纳什均衡对观测行为非常强的解释力.

在具有多重均衡的交通系统中, 群体由于缺乏协调而无法达到帕累托效率的均衡条件. 针对人们在公共交通 (正外部性) 和私家车 (负外部性) 两种出行方式之间的选择问题, Han 等 (2021) 设计了行为实验来探究潜在影响协调行为的因素, 结果发现: ①信息反馈不仅能够促进帕累托效率均衡地达到, 并且能够帮助个体行为的稳定; ②收敛到非效率均衡的历史经历会影响人们的初始选择偏好甚至群体实现的均衡选择; ③非有效均衡与有效均衡之间的壁垒愈高, 这种转换越难, 而有效均衡的吸引值越强, 它在均衡选择中越容易被选择.

Zhang 等 (2022) 则创造性地研究了自动驾驶出行和自驾常规车辆出行之间的选择行为. 实验设定在自动驾驶与普通汽车混合行驶的道路上, 自动驾驶车辆比例的增加将减少道路拥堵, 但使用自动驾驶车辆的出行成本始终高于使用普通汽车. 实验结果表明, 使用补贴措施消除出行成本的货币不公平, 能够有效提高自动驾驶出行的使用, 缓解交通拥堵, 提高社会效益. 论文在结合马尔可夫自适应学习模型和离散选择模型的基础上, 构建了能够描述出行选择行为的仿真模型. 结果表明, 出行者的感知出行公平会显著影响出行选择行为; 出行信息会显著增加感知出行不公平, 然而在提供出行补贴的条件下, 出行信息会显著减弱感知出行不公平, 从而提高社会总福利.

1.2.2.2 出发时间选择的行为实验

出发时间选择的行为实验通常设置在交通瓶颈问题 (bottleneck problem) 的背景下. Daniel 等 (2009) 在一个 Y 型的上下游均存在瓶颈的交通网络上进行实验室实验, 结果发现: ①实验中观测到的出行者群体的出发时间选择分布大致符合混合策略均衡的预测, 证实了纳什均衡对于数据的解释力; ②与理论预测一致的是, 在上游瓶颈通行能力改善的处理中, 经由该瓶颈的出行者行为和成本没有受到显著影响, 然而具有其他起讫点出行需求的人们却不得不选择更早的时间出发, 从而增加了整个出行者群体的总成本. 可见, 在这一出发时间的策略交互博弈中，某条道路通行能力改善后，整个系统效率下降的 Braess 悖论现象再次发生; ③简单的强化学习模型便可以解释实验中人们表现出"神奇"的默契协调现象.

受此启发，Sun 等 (2017) 也实施了基于瓶颈路段的出发时间选择的实验室实验，发现了无论实验设置的参数尺度如何变化，宏观层面上出行者群体选择分布均接近于用户均衡理论的预测，并且交通信息对于群体行为和个体行为产生的影响是不同的. 实验也同样发现了人们的适应性学习的过程，使用强化学习和 Fermi 学习模型均能够较好地重现宏观层面的实验结果. Sun 等 (2022) 的实验发现，瓶颈路段通行能力减少时，群体达到用户均衡稳态需要更长的时间，并且提供信息对于无论是群体行为还是个体行为均没有显著影响. Lu 等 (2011) 的实验发现参与者很可能追求的是出行成本预算的最小化而非出行成本本身. Yang 等 (2022) 通过实验检验了"错时上班" (staggered work hours) 机制对于出发时间选择行为的影响.

1.2.2.3 同时考虑两种策略性出行选择决策的行为实验

Mak 等 (2018a, 2018b) 首次同时考虑了拥挤效应 (负外部性) 和共享出行 (正外部性) 的路网，并同时考察出行者的方式选择与路径选择两个决策维度. 实验采取的是被试间-被试内混合设计的方案，对于网络拓扑结构的变化采用被试内设计，即同一组被试者依次参加基础路网与扩展路网 (或先扩展路网后基础路网) 的实验. 对于多个参与者的决策是同时进行还是序贯进行，采用的是被试间设计，即不同组被试者被要求同时决策，或是依次决策 (参与者能够在观测到已经做出决策的部分参与者结果的条件下进行决策). 在这类具有正外部性的网络上，Braess 悖论一旦发生，它的系统效率损失程度是更加巨大的. 实验发现，Braess 悖论现象稳定出现，即使是决策可见度更高的序贯决策条件下，也没有显著地缓解 Braess 悖论发生所导致的系统效率的巨大损失. 刘天亮等 (2013) 通过实验方法研究了朋友圈的交通信息交互对于出发时间和路径选择行为的影响.

此外，还有一些研究关注出行者"是否出行"的决策行为，运用实验室实验方法证实了在考虑弹性需求条件下仍然可能出现交通悖论现象 (Stein et al., 2007; Mak et al., 2018a, 2018b)，由于篇幅关系本章不再详述.

1.2.3 路径选择的理论模型

传统的网络用户均衡理论是建立在所有出行者具有 "完美理性""完全信息""完美认知和计算能力" 的前提下. 近年来，随着实证研究的积累，发现出行者的路径选择行为往往表现出更加接近赫伯特·西蒙所提出的有限理性 (boundedly rationality) 的特征 (王光超, 2016). 虽然现有路径选择理论模型的综述往往使用的分类方法是区分静态均衡模型和动态交通调整模型，但本节计划通过"有限理性"各个方面的内涵，将最常见被引入到交通路径选择建模中的行为决策模型进行综述.

1.2.3.1 有限理性的证据

关于交通出行者表现出"有限理性"行为的具体证据包括(但并不仅限于): 在包括美国波士顿 (Ramming, 2001)、剑桥市 (Bekhor and Ben-Akiva, 2006) 和意大利都灵市 (Prato and Bekhor, 2006) 等地在内的调查结果表明, 平均 30%—87% 的出行者会经常选择最短路径, 另外在亚洲地区的一些城市也得到了相似的结果 (Ramming, 2001; Bekhor and Ben-Akiva, 2006); Mahmassani 及其研究团队在 20 世纪 90 年代进行了一系列的实证调查和实验研究 (Mahmassani and Chang, 1987; Hu and Mahmassani, 1997; Chen and Mahmassani, 2004), 反复确认了出行者在路径选择时的惯性行为, 他们往往对于过去选择的道路产生惯性或形成习惯, 即使获得所有可选路径的信息, 也不会轻易转变到时间更少的路径上, 基于这个观察, 他们提出使用"无差异区间" (indifference band) 的数据工具来描述这种现象; Bogers 等 (2005) 在代尔夫特市进行了为期 25 天的现场实验, 结果表明虽然为所有出行者提供了所有历史天数上的各个路径旅行时间完全信息, 参与者仍然会赋予最近发生的信息以最高的权重, 而较少参照更为久远的历史信息, 这种现象被作者称为短视 (myopia), 类似于心理学中的近因效应 (recency effects)(Erev and Haruvy, 2013).

为了刻画真实出行者在实际交通条件下的择路原则, 引入行为学、心理学最新理论来改进传统均衡的假设, 将出行者的行为特征"嵌入"到传统模型之中, 从而更细致和精确地刻画出行者路径选择或路径调整的行为, 这不失为一种好的思路, 并且近年来已经取得了不少成果. 比如, Guo 和 Liu(2011) 提出的出行者追求"满意解"而非最优解的有限理性用户均衡 (BRUE), Chen 等 (2011) 提出的基于"超额均值"认知的 METE 和 SMETE 均衡模型, Xu 等 (2011) 提出的基于累积前景理论的网络均衡模型, Wang 等 (2013) 提出的随机交通环境下基于秩排序的双准则决策的均衡模型, Arentze 等 (2014) 提出的考虑人的心理表征的扩展型离散选择模型, Ye 和 Yang(2017) 提出的具有有限理性用户均衡的理性行为调整过程模型.

Di 和 Liu(2016) 对于"有限理性"理论模型用于交通行为建模的研究进行了系统的综述, 文中根据出行者是程序有限理性 (procedural BR) 还是结果有限理性 (substantial BR), 以及模型刻画的是博弈论框架下的静态均衡还是动态演化过程, 将基于有限理性的路径选择模型分为四大类来阐述. 本节在上述两个标准上不作区分, 而是根据本章的研究问题——检验稳定出现的实验现象与现有路径选择模型的有限理性行为学基础之间的匹配程度, 依据模型所放松的行为假设或借鉴的行为理论的不同进行分类综述. 在下文三个小节内容中, 满意准则和惯性行为主要是对于"完美理性"假设的放松, 前景理论和后悔理论是两类典型的且应用广泛的非期望效用类理论, 而学习理论可以看作是对于"完全信息"或者"完美认知和计算能力"基本假设的放松.

1.2.3.2 满意准则与惯性行为

(1) 满意准则

王光超 (2016) 指出, 根据西蒙的"满意准则"理论, 交通出行者在现实中由于记忆能力、计算能力和认知资源的有限性, 以及出行路径选择对于通勤者来说是每天重复的选择行为, 通常会倾向于选择满意方案而非最优方案.

He 和 Liu(2012) 在研究明尼苏达 I-35W 大桥垮塌所引发的交通流再平衡时, 提出了基于有限理性的网络均衡模型, 并分析和解释所发现的"不可逆路网"现象. 这一模型借用了有限理性理论中"决策者掌握的信息和决策能力均有限, 决策时只能寻找满意解而非最优解"的思想, 并且在理论分析方面也得到了许多有趣的性质, 例如这种均衡模型的解不是唯一的, 而是一个非凸集合. 随后, 还有研究探索了基于这种模型的 Braess 悖论 (Di et al., 2013), 基于满意准则提出了第二最优的收费策略 (Di et al., 2016). Lou 等 (2010) 在满意准则条件下提出了鲁棒拥挤收费策略.

(2) 习惯 (habit) 或惯性 (inertia)

在交通领域最早使用"惯性"或"习惯"来描述出行者的通勤中路径选择或出发时间选择行为的是 Mahmassani 教授及其团队. 他们开展了理论和实证两方面的研究工作. 结合旅行时间预算 (travel time budget) 的概念, 假设出行者采用基于无差异区间和阈值 (ε-IB) 的决策规则. Bogers 等 (2007) 和 Bogers 等 (2005) 综合了大量前人研究成果, 提炼出习惯、ATIS 和学习三大要素, 来刻画逐日动态路径选择的概念框架. 他们认为, 短期地看, 个体的路径选择行为是对于自身经验和外部信息的快速学习调整的结果, 而长期地看, 人们会逐渐形成一定的行为习惯, 而这种惯性对未来出行的影响也值得关注. Xie 和 Liu(2014) 提出了一种带有行为惯性的随机网络均衡模型, 该模型允许异质出行者面对复杂多变的交通环境时, 可能会产生个人偏见和惯性效应 (inertial effect). 数值算例也表明了引入惯性效应进行建模的有效性, 以及使用 ATIS 可以一定程度上引导人们摆脱惯性、重新学习, 从而达到交通管理者的目标.

1.2.3.3 前景理论与后悔理论

(1) 前景理论

前景理论是一种描述性的决策模型, 是研究者在发现需要违背期望效用理论的悖论或异象之后, 通过修正期望效用理论发展而来的. 前景理论和期望效用理论假设可以用一个主观价值来表示每个决策项的可取性, 不同的是使用了不同的方法来确定这个主观值, 并将之称为前景值或效用值. 累积前景理论 (cumulative prospect theory, CPT) 是由 Kahneman 和 Tversky(1979) 提出, 其内涵囊括了"损失规避""确定效应""参照依赖""放大小概率事件" 等行为心理学成果. 国内外的学者在此框架下, 结合不同方面的交通实际条件, 创造了许多有价值的路径选择模型, 并且理论分析和调查研究也表明, 较之于传统的 EUT-based 类模型, CPT-based 类路径选择模型与实验数据更加一致, 能够更为准确地描述真实出行者的行为.

Gao 等 (2010) 研究表明累积前景理论比期望效用理论更适合描述风险条件下的路径选择决策. 徐红利等 (2011) 关注的是日常路径选择行为, 他们认为, 虽然交通状况是客观发生的, 但是出行者基于自己的主观认知进行决策, 而其主观认知可能会偏离客观情况, 并且会随着反复博弈的进行存在学习调整的过程. Wang 等 (2013) 通过结合演化博弈论中的复制者动态理论, 建立了基于累积前景理论的网络流演化和均衡模型. Zhang 和 Juan(2013) 结合了演化博弈论中的布朗-冯·诺依曼-纳什动态 (BNN dynamics) 与累积前景理论来描述个体路径选择行为, 从而证明了系统能够最终演化到 UE 均衡. Yang 和 Jiang(2014) 通过改进旅行时间的参照点计算, 提出了基于累积前景理论的路径选择模型, 该模型能够导出一个包含了 Wardrop 均衡条件的 SUE 模型, 同时证明了相比于 EUT-based 模型该模型能够更好地描述了风险态度, 所导出的基于 CPT 的 SUE 模型也与若干个数值算例的结果一致.

"前景理论" 的引入, 不仅增加了模型的行为学意义, 而且提供了一种灵活性的框架, 通过结合各种交通实际, 建立更加真实、全面的交通均衡模型. 赵凛和张星辰 (2006) 应用了前景理论的框架, 给出了确定出行者主观效用函数、参照点以及计算前景值的方法, 并且结合实证调查证实了改进后的前景理论对于出行者路径选择的预测确实优于期望效用理论的预测. 陈小君和林晓言 (2013) 引入货运时间价值的概念, 提出了在货运运输中更为接近现实情况的交通均衡模型.

(2) 后悔理论

将后悔理论 (regret theory) 引入路径选择研究的重要成果主要包括而不限于 Chorus(2012)、Chorus 等 (2008), 他们分别提出了随机后悔最小的路径选择模型、结合效用最大与后悔最小及其与目标和满意度关系的 logsums 模型. 这些研究认为, 后悔理论是一种比期望效用理论更加接近实际, 而又比前景理论更加简单易用的理论工具, 值得均衡理论工作者重视.

de Moraes Ramos 等 (2011) 基于实验数据, 对比了期望效应理论、前景理论和后悔理论在预测路径选择行为上的表现, 发现在提供反馈信息的情况下, CPT 对于实验数据的解释更加准确; 在无外在信息提供的情况下, 出行者自发地进行每天的路径选择, 后悔理论与 EUT 均优于 CPT, 表现出优异的预测效果. Ben-Elia 等 (2013) 研究了在行前可获得静态信息的条件下, 后悔和强化学习对于出行决策的影响. 研究发现人们在考虑未来的出行决策时, 不仅在意某条路径的历史收益情况, 并且会受到收益波动性以及所带来的后悔心理的影响. 这两者都与风险态度密切相关, 在风险追逐的选择情景中更多地观察到后悔规避行为.

1.2.3.4 学习理论

学习和适应过程对于出行者决策影响的重要性不容忽视, 研究者对于这一论断的认识逐渐加深. 从某种角度来说, 学习理论的引入是放松了"完全信息"的假设, 能够更加全面地描述出行者所面临的不同信息条件, 使得模型更能反映出行决策的真实环境; 从另外的角度出发, 它放松了"出行者具有完美的认知和计算能力", 强调了个体选择与道路通行状况之间互为因果的关系, 即不同个体选择的聚集导致了路网的通行状况, 而这个状态又通过反馈信息影响着个体将来的出行选择.

交通实际情况往往与传统均衡理论中"出行者可以掌握完全信息"的假设 (即所有关于整个路网拓扑结构、路段出行时间函数等静态信息和其他人的出行选择等动态信息) 不同: 一些新进入的出行者, 对路网情况缺乏经验, 只能通过获取外界的信息来学习, 还有一些出行者对于路网还很不熟悉, 也无法观察到自己未选择路径的时间成本, 只能根据自身体验到的旅行时间对不同路径进行评价和学习. Avineri 和 Prashker(2006) 结合了强化学习理论, 提出两个模型分别描述上述两种现实情况, 并验证了所提出模型能够准确地描述实验数据. Ben-Elia 和 Shiftan(2010) 提出了一个综合的路径选择模型, 即出行者不仅可以根据反馈信息对于所选路径进行强化学习, 还可以依靠实时的路况信息. 实验数据也证实了信息与经验对于路径选择具有联合的影响. 实时信息的提供能够加速出行者学习的过程, 同时也引起了人们更加追逐风险的心理以及对成本更强的敏感性和选择波动性. 这些结果对于政策制定和 ATIS 的改进具有重要的作用, 并且也启示人们将前景理论和强化学习相结合来提高现有模型的实际性和可行性.

与传统均衡理论中"出行者具有完美的认知和计算能力"的假设不同, 贺正冰等 (2009) 认为, 出行者对于路网属性和通勤规律的认知并不是一蹴而就的, 而是一个对各种外界环境因素 (道路、天气、政策、城市土地利用等) 渐进的适应过程, 同时也是出行者对个人出行经验的总结、分析、判断、评价的一个反馈学习的过程. 正如 Xu 等 (2011) 所述, 可能正是出行者的适应性学习及其导致的路径选择调整行为, 形成交通流演化的内在动力, 使得人们的选择行为逐渐趋于稳定, 交通系统从而达到或接近均衡. 在实验和实证方面, 在许多实验室实验中发现, 学习效应 (learning effect) 普遍存在重复的路径选择当中 (Bogers et al., 2005; Cominetti et al., 2010; Chen and Mahmassani, 2004; Nakayama and Kitamura, 2000). 国内的居民出行实证调查也发现, 在一定程度上出行者的学习能力受到如性格、年龄、收入阶层等静态的个体社会经济特征的影响，也受到风险态度和历史经验等动态因素的作用，并且个体的学习能力在出行选择中的作用不可忽视。因此，不少理论工作者思考引入学习理论来扩展现有的交通均衡模型。

1.2.3.5 小结

随着出行者路径选择中有限理性行为特征的发现，交通研究者借鉴行为学与心理学的最新理论成果，对于传统网络均衡和择路原则的假设，如"完美理论""完全信息""完美认知和计算能力""期望效用准则"进行不同角度的放松，发展完善了大量的理论模型。相比之下，结合惯性行为和后悔理论的研究仍然不足。从经济学的视角，日常通勤的路径选择与婚姻、企业收购战略等重大决策不同，是一种被Erev 和 Haruvy(2013) 称为小决策 (small decision) 的行为。这类"小决策"的特点是决策所需时间短 (或有时间限制)、决策后果对于决策者影响不大、经常反复地发生。这些特点使得惯性行为和后悔行为的发生成为可能，而这些行为倾向对于路径选择的影响有多大，作用规律是怎样的，还有待进一步的探索。

总体来说，由于实证检验这些基于有限理论的理论模型难度非常大，现有路径选择与流量演化和网络均衡模型的实践基础不足，体现为①微观的行为规律直接由心理学等其他领域引入进来，缺乏在路径选择场景下相应的实验或实证基础；②缺乏对所提出模型能够准确预测真实世界中出行者决策行为的检验。这仍然是上文提及的观点，实验结果与理论模型之间的"对话"尚未建立成熟的结果，是未来研究迫切需要努力的方向。

1.2.4 随机与风险条件下的路径选择理论模型

1.2.4.1 基于随机效用理论的路径选择行为研究

用户均衡模型提供了一种理想条件下的预测结果，而大量实证表明在随机或风险条件下，依据有限的信息和个体经验和预期而表现出的出行者的路径选择行为与用户均衡模型得到的结论不符 (Senbil and Kitamura, 2004)。于是，研究者提出不同的替代理论来描述出行者在随机或不确定条件下的"有限理性"路径选择行为。

Luce(1959), Marschak(1960, 1965), Block 和 Marschak(1960) 等提出随机效用理论 (random utility theory, RUT), RUT 理论通过在 EUT 的效用函数中添加随机偏差项来考虑随机的感知效用分布下出行者的出行选择行为，进而放松了EUT 中完美理性条件的假设。基于 RUT 理论，研究者在出行者的离散选择行为建模方面获得了丰富的成果，提出了各种基于随机效用最大化 (random utility maximization, RUM) 模型。Dial(1971), Domencich 和 Mcfadden(1975) 假设个体出行效用的随机偏差项服从独立同分布 (IID) 的 Gumbel 分布，并提出了多元

1.2 国内外研究综述

Logit(multinomial Logit, MNL) 路径选择模型. MNL 模型的一个显著优势是它具有简单的解析概率表达形式. 在此基础上, Fisk(1980) 通过引入"熵式"模型将基于 MNL 的随机用户均衡 (SUE) 问题转化为等价的数学规划问题, 进而使得我们能够利用成熟的数学规划求解方法对其进行求解.

然而 MNL 模型也存在一些不足, 例如: ① MNL 模型无法考虑不同方案之间的关联性 (如道路重叠问题等), 以及② MNL 假设所有的道路具有同样的随机偏差项等. 这些不足来源于认为随机偏差项服从 IID 的 Gumbel 分布的假设 (Sheffi, 1985). 为克服上述不足, 研究者尝试通过不同的方式改进 MNL 模型或提出新的替代模型. 主要改进思路和相关成果包括:

(1) 在路径感知效用确定项中添加修正项来考虑路径间的相关性, 如基于共性因子的 C-Logit 模型 (Cascetta et al., 1989; Zhong et al., 2012), 考虑隐式可获得性/感知性的 IAP 模型 (Cascetta et al., 1989) 以及考虑路径重叠尺度的 path-size Logit 模型 (Ben-Akiva and Bierlaire, 1999; Chen and Yang, 2012).

(2) 基于广义极值分布 (generalized extremal value) 理论 (Mcfadden, 1978) 对随机偏差项进行修正, 如巢式 Logit(nested Logit) 模型 (Ben-Akiva and Lerman, 1985), 交叉-巢式 Logit(cross-nest Logit) 模型 (Ben-Elia and Avineri, 2015; Ben-Elia et al., 2013), 配对-组合 Logit(paired combinatorial Logit) 模型以及广义巢式模型 (generalized nested Logit)(Wen and Koppelman, 2001).

(3) Daganzo 和 Sheffi(1977) 则假设随机偏差项服从正态分布, 进而提出了多元 Probit 模型来考虑不同道路之间的关联性.

(4) Castillo 等 (2008) 通过假定路径感知效用的随机偏差项服从 Weibull 分布来放松 MNL 中的同分布假设, 并提出了多元 Weibit(MNW) 模型. 当假设随机偏差项之间相互独立时, MNW 模型具有同样简单的解析形式. Kitthamkesorn 和 Chen(2013) 在 MNW 的基础上进一步考虑了路径重叠因子 (path-size factor), 提出了 path-size Weibit(PSW) 模型, 并通过构造乘式 Beckmann(multiplicative Beckmann's) 熵值, 给出了在约束条件下 PSW-SUE 问题的等价 MP 模型. 但是 PSW-SUE 模型需要基于路径的求解算法的这一局限性, Kitthamkesorn 和 Chen(2014) 在 PSW 的基础上考虑了无约束条件下的 MNW-SUE 的 MP 构造, 从而优化了基于路段的求解算法. 不过新的 MNW-SUE 模型仍然存在一个问题, 即该模型得到的均衡解对路径成本的尺度变化不敏感. 于是, Xu 等 (2015) 构造了 Logit 和 Weibit 模型的混合模型, 路径的选择概率有 Logit 概率形式和 Weibit 概率形式复合而成, 从而同时克服了 Logit 模型对任意的路径感知成本偏移量不敏感和 Weibit 模型对路径感知成本尺度性变化不敏感的缺陷.

(5) 最近, Natarajan 等 (2009) 提出了边际分布模型 (marginal distribution model, MDM) 和边际矩模型 (marginal moment model, MMM) 种模型来描述

决策者在随机条件下的决策行为. 前者假设个体知晓方案的边际成本分布, 而不知晓所有方案成本的联合分布, 并且将方案的选择概率描述为方案在随机效用最大化原则下实现最大化效用的持久值 (persistence value), 从而放松了基于 IID Gumbel 分布或 GEV 分布的离散选择模型中的独立性假设. 基于 MDM 的选择分布模型具有两个显著的优势, 其一是放松了同质性方差假设, 该类模型可以被描述为最优化离散选择问题, 从而能够刻画决策者/方案的异质性尺度的调整; 其二是当假设适当的方案成本累积概率分布函数 (cumulative distribution function) 时, 该类模型等价于一些常见的非集计离散选择模型 (如 MNL、MNW 模型等), 因而具有较大的灵活性 (Mishra and Li, 2014). Ahipaşoğlu 等 (2015) 进一步将后者的假设放松为, 个体只知道方案成本边际分布的部分统计信息 (如分布的一阶矩和二阶矩), 而不知道该分布的具体类型, 提出了基于 cross-moment(CMM) 的 SUE 模型. 该模型对于方案成本的边际分布具有良好的鲁棒性, 即只要这些分布的一阶矩和二阶矩满足一定的约束条件要求, 基于这些分布的预测便可得到相同的均衡结果. 此外, Chen 和 Yang(2012) 通过基于 OD 对的尺度参数部分地放松 MNL 模型中的同分布假设, 以改进 MNL 模型.

1.2.4.2 考虑个体风险感知的模型

上述基于随机效用理论的各类模型归根结底改进的是不同路径方案的效用评价和优选过程. 通常来说, 人们在面对路径选择时, 首先是对路况进行心理感知、获取信息, 然后评估不确定性及风险, 最终进行效用评价和作出选择. 因而, 在出行者路径决策行为中, 心理感知和行为决策也是一个重要的过程. 在不确定路网环境下, 通勤者进行路径选择往往会面对早到或迟到的风险, 出行者往往会根据自己的出行经验、对交通网络的了解、当前的状况以及潜在的风险态度作用下评价路径方案, 而基于 EUT 和 RUT 的决策模型往往并没有考虑出行者的风险态度, 暗含假设出行者是风险中立的. 同时, 这些模型假设决策者是完全理性, 而且具有完全信息的, 决策者是效用最大化的追逐者. 实验研究表明, 出行者在风险和不确定环境中的路径决策行为往往会违反效用最大化原则. 关于描述出行者对旅行时间波动的风险感知, 相关的研究经历了三次较大的发展.

首先是, Uchida 和 Iida(1993), Lo 等 (2003, 2006) 采用旅行时间预算 (travel time budget, TTB) 作为出行者评价路径方案的指标, TTB 由期望旅行时间和安全边界 (safety margin) 共同构成, 该概念表示的是满足给定置信水平的旅行时间预算值, 也被称作 Percentile 旅行时间 (黄海军等, 2018)、有效时间 (effective time)(Hall, 1983), 对应于金融风险分析中的风险价值 (value at risk, VAR)(Szegö, 2002). 安全边界也称作缓冲时间 (buffer time), 一定程度描述了出行者应对风险的态度, 缓冲时间越长, 表明出行者越倾向于保守, 期望获得更高的准时到达的可靠性. 在基于 TTB 的交通网络均衡状态下, 同一 OD 对中所有被使用的路径上的 TTB 都相等, 且不大于未被使用的路径的 TTB 值. 同时, 出行者不能通过单方面改变路径来降低自己的 TTB 值. Shao 等 (2006) 分析了供给不确定条件下的 TTB 均衡问题, Lam 等 (2008) 同时考虑了交通供给和需求双重不确定条件下的 TTB 均衡问题. 在固定的出行 TTB 的基础上, Watling(2006) 对超出 TTB 的旅行时间附加迟到惩罚 (late arrival penalty) 项来描述出行者在保证出行可靠性之外对不可靠旅行时间部分的评价.

随后, 在 TTB 的基础上, Chen 和 Zhou(2009, 2010) 提出用均值-超量旅行时间 (mean-excess travel time, METT) 作为出行者路径选择的指标. METT 比 TTB 理论更多考虑了旅行时间大于 TTB 情形的期望水平, 即同时考虑了旅行时间的可靠性水平和其在不可靠的情形下预期的延误时间水平. 在此基础上, 吕彪等 (2012), 秦娟等 (2014) 考虑了弹性需求下的 METT 问题, 分析了供应和需求同时不确定的条件下的基于 METT 的用户均衡模型. Xu 等 (2014) 使用路网的 METT 总时间预算作为指标来评价路网的可靠性. 然而, METT 理论在处理来自道路通行能力或出行需求的不确定性从路段扩展到路径的过程中, 通常根据中心极限定理假设路径的旅行时间服从正态分布, 该定理暗含的假设是路段旅行时间相互独立, 且路径的旅行时间近似表现为对称分布, 而这两个假设与现实情况是不一致的 (Fosgerau and Engelson, 2011).

最近, 为了更加符合实际地描述个体对于旅行时间波动的风险感知, Chen 等 (2011) 从出行者个体感知的角度出发, 假设出行者基于个体的感知旅行时间分布做出路径选择, 同时个体对单位旅行时间的感知存在随机感知偏差 (stochastic perception error, SPE), 并基于感知旅行时间预算 (perceived travel time budget, PTTB) 通过矩分析等方法从路段旅行时间分布推导估计路径旅行时间分布. 基于 SPE 的感知路径旅行时间分布不仅不需要对路径旅行时间的具体分布作出假设, 事实上, 这一信息在城市交通环境下难以获得, 而且可以描述来自供给端和需求端的不确定性从路段扩展到路径的过程. Xu 等 (2013) 分析了 SPE 对出行者感知旅行时间、路径选择行为、均衡流量分布以及路网拥堵指标等的影响. 基于 SPE 的个体感知旅行时间分布为描述个体主观感知时间提供了一个灵活的途径, 并一定程度上描述了个体有限理性程度. 此外, Zhang 和 Juan(2013) 结合 Probit 模型分析了感知偏差对双因素 (时间-出行成本) 异质出行者 (连续 VOT 分布) 的网络均衡的影响.

1.2.4.3 基于前景理论的出行者路径选择行为研究

许多学者通过引入心理学和行为经济学中的成果, 从有限理性的角度去研究出行者在不确定条件下的决策行为, 这些理论包括能够成功解释阿莱悖论等现象前景理论或称累积前景理论 (cumulative prospect theory, CPT)(Kahneman and Tversky, 1979), 基于排序的期望效用理论 (rank-dependent expected utility)(Quiggin, 1982), 后悔理论 (regret theory)(Bell, 1982) 及行为组合理论 (behavioral portfolio theory)(Shefrin and Statman, 2000) 等. 其中, 获得研究者最多关注的是前景理论. 它强调人们日常风险决策中表现出四条原则: ①参照依赖行为, 决策者依据一定的参照水平来评价方案, 同时决策者关注方案效用或成本的变化量, 而不仅仅是绝对量; ②方案的效用函数呈边际敏感性递减的"S"型函数, 且损失域的效用函数相比于收益域的效用函数具有更大的斜率 (即对单位变化更敏感); ③损失规避行为和④非线性的主观概率权重, 即决策者在风险环境下会表现出对小概率事件的"偏好", 即放大"小概率", 低估"中等概率或大概率"事件, 更多具体描述参见 Kaa(2010) 以及 Avineri 和 Ben-Elia(2015) 等.

近年来, 不少实证研究均已证实了前景理论在描述不确定条件下的路径选择行为的有效性. Avinari 和 Prashker(2004) 结合一个从住所到工作地有两个备选路径的情境, 通过问卷调查分析出行者路径选择的描述偏好, 发现在交通出行路径选择中同样存在对 EUT 理论相违背的现象, 并使用前景理论成功地解释了这种现象. 他们的研究提供了前景理论在路径选择问题中的适用性的证据. Senbil 和 Kitamura(2004) 结合"两"或"三参照点", 即"可接受的最早到达时间-可接受的最迟到达时间"或"可接受的最早到达时间-最期望的到达时间-最迟可接受的到达时间"参照评价体系来解释早高峰通勤者的出发时间选择问题, 发现实际数据与前景理论预测一致; Fujii 和 Kitamura(2004), Jou 等 (2008) 也曾得到类似的结论. Schwanen 和 Ettema(2009) 通过调查问卷发现上班父母从幼儿园接孩子的过程中的决策行为同样可以用前景理论进行解释. Gao 等 (2010) 基于模拟选择数据验证了前景理论在描述出行者在风险路网中的适应性路径调整行为中的有效性.

在实证检验的基础上, 许多学者开始将前景理论应用在个体风险条件下的路径选择建模以及交通网络均衡分析中. 在路径选择建模方面, 杨志勇 (2007) 基于前景理论, 以到达目的地的时刻为参考点, 分析了在实时信息 (其实质是出行前信息) 和多参照点情形下的路径选择行为, 利用贝叶斯理论对预测的路径行程时间进行更新和调整, 建立出行路径的动态选择模型. Tian 等 (2012) 基于多参照点体系的前景理论同时考虑了出行者出发时间和路径选择问题. 在交通网络均衡理论方面, Avineri 和 Prashker (2006) 首次将前景理论应用于交通网络均衡分析中, 通过实验发现参照点取值的变化对网络均衡结果有显著影响, 出行者表现出损失规避行为, 在参照点附近会表现出非对称的风险接受行为. Connors 和 Sumalee(2009) 则给出了随机路网中基于前景理论的一般性网络均衡模型, Sumalee 等 (2009) 进一步考虑了内生的随机出行需求和交通供给的情形. Wang 等 (2013) 将前景理论与复制者动态模型进行结合, 构建了基于前景理论的交通网络流量宏观演化模型. Yang 和 Jiang(2014) 将前景理论与随机用户均衡进行了结合, 构造了基于前景值的随机用户均衡模型.

在应用前景理论建立网络均衡模型的过程中, 参照点的值往往假设为固定的, 然而 Avineri 和 Prashker(2006) 和 Connors 和 Sumalee(2009) 在均衡分析中发现参照点的变化会对均衡解产生明显影响, Munro 和 Sugden(2003) 和 Arkes 等(2008) 通过实证发现了决策者通过调整参照点来应对外部环境的变化, Han(2007) 发现可以用动态调整的参照点来描述一些实证现象. 在这些发现的启发下, Xu 等(2011a, 2011b) 采用基于 TTB 的内生的参照点来描述参照点的生成过程, 基于 TTB 的内生参照点能实现出行者对旅行时间可靠性的要求, 同时会随着网络状态的调整而调整. 关于前景理论在交通中的应用综述可以参考.

考虑固定和随机感知偏差的离散决策模型和 TTB 理论, 以及基于前景理论的路径选择模型虽然描述了出行者在风险感知和路径方案评价阶段的有限理性行为, 但是假设出行者在方案决策阶段是完全理性的. 即个体始终追求单一指标的成本 (TTB、METT 等) 最小化或期望效用 (前景值) 最大化, 在均衡条件下同一 OD 对之间的同类出行者获得相同且最大的出行 (期望) 效用, 没有出行者可以通过单方面改变自己的路径选择来改进其出行的 (期望) 效用. 而在现实中, 西蒙指出, 决策者由于记忆、认知和计算等能力的有限性以及主观需求的灵活性, 在决策规则也往往表现出"有限理性", 并倾向于选择满意方案而非最优方案. 心理学家和实验经济学家证实人们在决策过程中会使用启发式的决策规则, 并会带来决策偏差和系统性的错误. 在交通领域, 研究者发现在日常通勤中, 只有部分出行者常用的路径是费用最小的出行路径 (Bekhor et al., 2006).

1.2.4.4 考虑异质出行者的多因素路径决策研究

前景理论在描述出行者"有限理性"的感知和效用评价方面具有很大的灵活性, 能够较好地解释出行者在现实路径选择中表现出的诸如参照依赖、损失规避、风险厌恶和对客观旅行时间分布的感知扭曲等现象. 目前, 基于前景理论的路径选择模型认为出行者追求单一因素即出行时间成本的最小化 (间接考虑旅行时间波动性), 而现实中的出行路径选择中还会考虑其他因素, 比如, 出行货币成本、交通方式的可获得性和可靠性、目的地的吸引力 (如停车位的便利性) 等. 针对多个备选方案, 出行者根据对不同因素的偏好, 通过对多个因素的优先权或因素权重的分配而对方案进行评价, 最终选择能够最小化广义出行成本或最大化出行效用的方案. 对于上述多因素路径决策问题, 学者们从多个方面展开研究, 如基于地理信息系统 (GIS-based) 的多因素路径/旅行方案支持研究 (Niaraki and Kim, 2009), 车辆路径问题研究 (Bowerman et al., 1995), 应急疏散路径规划 (Stepanov and Smith, 2009), 以及网络均衡及拥挤收费优化等问题研究 (Nie, 2011).

对于考虑出行者多因素决策的网络均衡问题, 目前研究最深入的是基于"时间–货币"的双因素用户均衡模型, 即假设出行者同时考虑旅行时间和出行货币成本两种因素 (Leurent, 1993). 出行者通过个体旅行时间价值参数 (value of time, VOT) 将各备选方案在时间和货币两种指标上的表现进行综合, 然后根据其综合值的优劣来选择出行方案. 对于出行者而言, VOT 描述的是旅行时间节省相对于货币节省的重要程度, 或者说出行者为了节省单位时间愿意花费的货币成本, 即单位时间的货币化转化. 基于"时间–货币"的双因素用户均衡模型在许多交通情境中都有应用, 如交通均衡问题 (Dail, 1997), 拥挤收费问题 (Huang and Li, 2007), 以及一些与土地利用和场址选择相关的问题 (Leurent, 1993).

传统的"时间–货币"双因素网络均衡问题往往假设出行者具有相同的旅行时间价值感知, 即表现为相同的 VOT 参数 (在广义成本函数中对时间和货币变量具有固定的权重系数). 然而, 出行者由于社会经济属性、出行目的、态度等往往不同, 他们的 VOT 参数等也表现出不可忽视的异质性 (Cirillo and Axhausen, 2006). 目前, 描述出行者旅行时间价值异质性的研究主要分为两类.

第一类是根据离散 VOT 分布将出行者划分为多用户群体, 每类出行者有自己的固定的 VOT 参数. Huang 和 Li(2007) 研究了离散 VOT 分布下的多用户随机用户均衡模型及每类用户对智能交通信息系统 (advanced travel information system, ATIS), 发现 VOT 参数高的用户更容易对 ATIS 产生过度反应, 单用户、单因素的网络均衡模型可能会低估或高估 ATIS 对交通网络的效益. Zhang 等 (2008) 提出了多用户的双因素 UE–古诺–纳什均衡模型, 并证明存在统一的路段收费最优解. Yang 和 Huang(2004) 以及 Guo 和 Yang(2009) 发现任意固定需求下基于时间和基于货币成本的系统最优拥挤收费问题可以转化为多用户 (离散 VOT) 均衡模型, 并且存在均衡解. Clark 等 (2009) 则证明在货币系统最优目标下存在一阶最优收费方案但可能不唯一, 但在弹性需求条件下不存在时间系统最优的一阶最优收费方案. Han 和 Yang(2008) 分析了一阶和二阶最优收费模型下系统效率的损失及边界情况.

第二类研究假定出行者的 VOT 偏好服从连续分布, Leurent(1993) 构建了弹性需求连续 VOT 分布下的用户均衡模型, 并进一步将模型在多用户情形下进行扩展, 给出相应的不动点形式构造, 证明在一定条件下不动点问题可以转化为凸优化问题. 类似地, Marcotte(1998) 将这一问题转化为不同的构造形式, 并给出了统一的算法框架. Dial(1996, 1997) 证明连续 VOT 分布下考虑流量依赖的旅行时间和出行成本的用户均衡问题等价于相应的连续 VOT 分布下确定性均衡旅行时间–成本的用户均衡问题, 并给出了相应的路径搜索和流量分配算法, 这一模型被进一步应用于拥挤收费的优化问题. 最近, Meng 等 (2012) 分析了连续 VOT 分布下基于距离的拥挤收费策略. Kemel 和 Paraschiv(2013) 基于前景理论考虑了旅行时间和旅行费用双重不确定情形下的出行决策行为, 他们通过实验证实了决策者对概率存在倒 "S" 型的扭曲感知, 同时存在明显的损失规避行为.

此外, 也有一些学者考虑了三种及以上因素作用下的交通选择问题, 如 Nagurney 等 (2002) 以及 Jaber 和 O'mahony(2009) 考虑了旅行时间、货币成本和排放三种因素网络均衡下的系统效率和尾气排放.

1.3 研究现状评述

围绕 "出行者路径选择或路径调整行为规律的实证和建模" 这一问题, 交通研究者基于完全理性或有限理性假设提出了各类网络均衡分配模型, 以及逐日动态交通路径调整模型. 然而, 与理论研究的蓬勃发展形成鲜明对比的是, 网络交通流动态演化过程很难进行实证研究, 对模型性质的研究只能进行理论分析, 而缺少实证数据的验证. 如何构造更加贴近真实出行者行为规律的选择模型或调整规则, 从而更加准确地预测网络交通流量分布和演化的状态, 成为研究者关注的基础性问题.

传统交通行为数据的采集, 大多是基于实地观测和实证调查, 受访者多是真实的出行者, 具有较高的外部有效性, 同时也有一些缺点, 如无法对于受访者回答的真实程度和设想假定情景的努力程度进行监督, 可能会出现自我报告偏误等. 近年来, 实验经济学方法论的快速发展和普及, 也为实证研究复杂的个体决策和交互决策行为提供了新的方法和工具. 由第一部分的文献梳理可得, 新兴的实验室实验方法, 通过招募参与者按照他们在实验中的实际表现而获得不同程度的货币回报, 以其成本低、可控性强、可复制性强、利于得到高度内部有效性结论的优点, 成为研究不确定条件下路径选择行为和交通流动态演化的一种可行的新工具、新方法.

运用实验室实验的方法日益得到人们的重视, 也已经取得了大量令人瞩目的成果. 然而这类交叉研究尚处在相对初级的阶段, 由第二部分文献梳理, 目前的成果根据研究目标的不同而较为零散, 缺乏横向比较和系统梳理. 这类交叉研究的学术群体目前也以经济学研究者为主, 其研究侧重点是观察参与者们能否在重复交互之后逐渐实现纳什均衡, 以及关注于使用某些描述类模型 (如强化学习模型) 能否重现平均水平上路径选择分布的最终状态. 而对于交通研究者更加感兴趣的问题, 如个体路径选择模型、个体响应模式、系统如何从一个状态演化到另一个状态的动态过程, 缺乏足够的重视, 也尚未启发和促进交通网络理论的发展.

由第三部分的文献梳理可见, 随着研究者对于出行路径选择中 "有限理性" 行为特征认识的加深, 交通研究者借鉴心理学、行为学最新理论成果, 构建了越来越多基于有限理性的路径选择模型，以及相应的网络均衡和动态演化模型．引入有限理性假设，将出行者行为特点"嵌入"到传统模型之中，从而更细致和精确地刻画出行者路径选择或路径调整的行为，不失为一个很好的研究思路．然而，这类研究往往将其他领域（包括决策科学或行为经济学）中的理论"拿来就用"，而这些行为假设是否适用在交通领域，尤其是在路径选择场景中是否具有实证基础，尚缺乏充分的考察．另外，面对着日益丰富的（甚至是竞争关系的）理论模型，各个理论的实际预测效果如何，适用范围如何，可靠性如何，也有待实验和实证研究的检验．

1.4 本书研究内容

行为研究的内容大致分为两类，一类专注于发现和检验人类个体或群体的行为规律，而另一类则致力于寻找合适的参数组合，以便将已知的行为规律嵌入到特定决策场景的模型中，以完成我们在该场景下行为的预测（Sun et al., 2017）．就笔者理解，这两类行为研究对应的便是路径选择行为规律的实证和建模．文献综述显示，在行为经济学与交通路径选择行为研究的交叉领域，这两类研究虽然均取得了不少成果，然而仍是各自相对孤立地发展，实验现象和理论建模之间的"对话"尚未完全建立起来．

基于上述观点，本书计划综合前人的实验成果，并设计一系列严格的实验室实验，试图探索以下几个问题：参与者们能够在简化的路网上表现出怎样的行为规律，现有行为学习理论是否可直接应用于交通行为领域，以描述出行者在路径选择中的行为规律，经典的离散选择模型和交通流动态调整模型是否能够有效地模拟这些实验观察到的现象，以及基于这些在实验中被发现的稳定存在的行为规律，构建更为贴近现实行为的微观个体路径选择模型和宏观交通网络流动态演化模型，在一定程度上填补现有网络交通流演化研究中理论建模和分析占主导地位，而实证数据验证不足的空白．为了研究这些问题，本书将充分利用多源的实验数据集，综合运用行为经济学中的实验室实验方法、回归分析与聚类分析等统计手段、数学建模和多 Agent 仿真模拟的研究方法．具体的研究内容主要包括三个方面：

（1）第 9 章动态路径调整的学习过程检验

在文献综述的基础上，本书选取了四个有代表性的路径选择行为实验（这些实验分别基于由两条、四条、六条和八条道路组成的实验路网）和四种经典的学习模型（强化学习、信念学习、经验加权吸引力学习以及考虑后悔和惯性的马尔可夫过程模型），通过综合分析这些独立研究的实验结果，旨在发现不同路径选择场景中普遍存在的稳定实验现象，并检验行为学习模型在解释网络流量分布的平均特性和系统演化的动态特性方面的能力. 在这部分, 我们不仅使用四种常用的统计指标来比较不同学习模型的拟合优度, 还将提出三种用于衡量系统动态演化的宏观和中观层面的测度, 以进一步探讨行为学习模型在预测出行者路径调整和系统演化动态规律方面的有效性.

(2) 第 10 章动态路径调整的行为实验

仅凭实验获取的行为数据是不够的, 还需要将实验观察到的现象转化为普遍规律, 并在宏微观模型中体现这些规律. 根据对以往实验结果的综合分析, 重点关注"路径调整行为"的观测, 进一步设计多种情景的一系列路径选择行为实验. 不同场景的实验将在路网的路径总数、路径之间的特征比较、路径成本函数构造等方面加以区别. 按照实验经济学规范流程招募参与者、组织实验, 获取真实参与者的实验数据之后, 一方面, 通过综合运用回归分析和聚类分析, 探索参与者在路径调整中的行为规律, 另一方面, 采用多元 Logit 模型和 PSAP 比例调整规则分别代表离散选择模型和日常路径调整规则, 检验这两种代表性模型对于实验数据的解释力.

(3) 第 11、12 章动态路径调整的理论建模

基于上述路径选择实验中共同涌现出的行为规律, 尤其是上述现有理论解释乏力的现象, 提取其潜在的微观行为机制, 并从行为经济学的理论中寻找相应的解释, 构造微观路径调整模型, 并推导出宏观网络交通流动态演化模型. 接下来, 从理论上分析所提出模型的稳定流模式、均衡存在性和唯一性、稳定性以及关键性质. 最后, 利用多 Agent 仿真的方法, 验证所提模型对实验观测现象的再现能力.

此外, 第 11 章和第 12 章的研究揭示了交通行为选择实验对于深入理解人类行为决策的重要启示和贡献. 这两个研究虽基于交通场景设计实验, 但因其博弈论的基础, 可以推广到更广泛的领域, 如医疗互助金计划中的合作行为、合资企业中的协作机制等.

在第 11 章, 我们将讨论的出行场景仅考虑负外部性的拥挤路网扩展至同时包含负外部性和正外部性 (例如共享出行的成本分担) 的选择问题, 从而从路径选择转向出行方式选择. 本章提出了一种常见于异质决策者之间的社会困境/悖论 (social dilemma), 其中集体项目具有正的外部性. 这类社会困境具有以下特征: 任何人的参与行为会对其他所有参与者带来正的外部性. 当所有人都自愿参与该集体项目时, 社会总福利达到最大化. 然而, 如果一些代表性决策者发现退出项目是一种占优策略, 那么这一集体项目的潜在好处将会降低, 从而导致更多的成员选择退出. 这种迭代的"雪崩效应"将会使得集体饱受损失. 本研究构建了一个博弈论模型, 并通过实验室实验验证了上述雪崩效应的存在及其对整体社会福利的影响.

在第 12 章, 我们将无灯控交叉口的车辆让行决策定位于重复雪堆博弈的理论框架内进行分析, 通过随机配对的方式进行了实验室实验, 以研究人的参与

行为. 随后, 运用序列数据挖掘算法和经验加权吸引力学习理论 (EWA 学习), 本研究分析了实验中个体决策规则的形式、特征和异质性, 基于这些分析, 我们构建了多智能体 (multi-agent) 模型来模拟个体决策行为. 本章对演化博弈动态的分析为探索博弈参与者的学习机制和策略演化过程提供了启示.

1.5 本书研究意义与创新点

本书具有以下的研究意义和创新点.

(1) 理论方面

传统交通网络流量分配研究主要关注于网络最终的均衡状态, 而对交通流量的动态演化过程认识不足. 日变交通流演化模型打破了这一局限, 为研究网络交通分配的动态过程和演化机理开辟了新领域, 使研究更贴近实际情况. 本书通过对严格控制的实验观测网络演化和波动现象, 挖掘路径调整行为的规律, 总结出行者典型相应模式, 从而提出基于更加真实行为的出行者路径调整规则和网络交通流动态演化模型, 为现有交通网络均衡分配理论和动态演化理论提供了有益的补充. 此外, 作为行为经济学、行为运营和交通交叉领域研究, 本书在策略不确定条件性的路径选择行为实验中发现了个体选择和调整选择的行为规律, 不仅对于交通路径选择领域有所贡献, 或有助于加深研究者对于个体在不确定性条件下对更加一般化的离散选择问题时表现出的决策规律的认识.

(2) 研究方法方面

本书在综述了实验室实验方法和行为经济学最新理论在交通路径选择行为研究中的应用之后, 指出了实验室实验方法主要由经济和运营学者使用, 而行为经济学理论主要由交通研究者使用, 这两个学术群体相对独立地开展研究的现状, 认为未来的研究应致力于加强实验和理论之间的"对话". 具体来说, 本书借鉴实验室实验的新方法, 从交通网络状态演化的动态性和路径调整规则的新视角来设计一系列的路径选择行为实验. 本书以交通研究者关心的"动态路径调整行为"问题为侧重点, 充分利用成熟的实验室实验的方法, 综合借鉴跨学科的最新理论成果开展实证和建模研究. 这种研究思路提供了发现和识别出行者选择行为规律的一种可行路径, 有助于交通行为理论研究和实验研究之间的互相促进和完善; 也提供了分析某些实际情景下网络交通流演化和均衡的新工具, 可以作为实证观测和实地调查方法的有力补充.

(3) 管理意义方面

本书的研究结果有助于交通行为研究者更深入的理解出行者在策略不确定条件下的路径选择行为规律和网络动态演化. 通过深入探究出行者的路径调整行为规律, 并构建基于更真实行为的微观和宏观模型, 本书进一步发展了非平衡网络交通流理论. 对出行者决策规律和响应方式更清晰的认识, 有助于加深对网络交通行为动态的理解, 为交通管理部门制定更有针对性的交通管理与控制措施提供了实证依据和理论参考.

本书的主要创新点总结如下:

(I) 针对交通路径选择行为实证研究的困难以及现有行为实验对个体路径调整关注不足的现状, 采用了实验室实验的新方法来探索人们在路径调整中的行为规律.

本书提出, 实验室实验方法可作为交通路径选择行为研究的一种成本低、操作性强、内部有效性高的新工具和新方法, 与传统实证交通行为采集方法——SP 和 RP 调查方法互为补充. 在综述了当前路径选择实验研究的现状——主要由经济和运营学者主导, 研究目标分散、过度关注均衡状态, 而对于交通研究者关注的动态演化过程关注不足的基础上, 本书借鉴实验室实验的新方法, 以发掘"路径调整行为"的规律为目标, 设计和实施了多种情景的路径选择实验, 并基于实验中发现的行为规律进行建模. 这种从"检验现有理论到开展行为实验再到启发理论建模"的研究流程, 为发现和建模交通行为规律提供了一种新的可行的方法.

(II) 在以往交通路径选择实验中较少重视的"策略不确定性"的新视角下, 将交通网络中的路径选择问题抽象为网络择路博弈的理论模型来研究.

目前路径选择行为实验研究对于个体决策的不确定性存在两种假设, 一种是假设道路旅行时间服从某种预先人为设定的随机分布, 用来刻画环境 (外生) 不确定性导致的路段通行能力发生的随机变化, 而在交通实际情况中非常普遍而在实验研究中更少受到关注的是对于策略 (内生) 不确定性的研究, 即在真人参与的实验中, 设定路段的旅行时间由共同选择它的总人数决定. 这种不确定性是由于分散自治的个体独立做出决策及各自决策的交互作用造成的. 本书定位于使用网络择路博弈的新视角来看待策略不确定性条件下的路径选择问题.

(III) 以实验数据分析为启发, 构建了更加具有真实行为基础的微观个体路径调整规则, 以及能够重现实验现象的宏观网络流量演化理论模型.

为了建模路径调整行为和网络动态演化过程, 本书借鉴和检验了两个领域的新理论: 一种是包括了学习、后悔、惰性等在内的行为学和心理学的最新理论成果, 试图通过引入学习模型来描述个体对于路网状态变化的适应性过程; 另一种是近年来发展迅速的逐日动态交通流演化建模方法, 构建合理的微观个体路径调整规则及宏观网络流量变化规律. 在检验了学习理论和逐日动态交通理论来刻画动态路径调整的描述力不足的基础上, 设计一系列的路径选择实验, 发现了在人们路径调整中的三个行为规律和四种典型响应模式, 从而对于构建具有更加真实行为基础的微观路径调整规则形成了启发, 最终完成宏观路网流量演化的建模, 并证明了模型均衡的性质, 具有一定的理论创新性.

第 2 章 实验室实验研究方法的简介

2.1 实验经济学极简介绍

近四十年到五十年间, 实验经济学 (experimental economics) 和行为经济学 (behavioral economics) 的快速发展为实证研究复杂的不确定性条件下的决策行为提供了便利. 这两个领域都指向经济学的一个重要发展方向, 只是侧重点有所不同: 实验经济学主要强调研究者通过严格控制条件的实验室实验来检验和探究经济现象, 以此作为完善经济理论的实验或实证依据; 而行为经济学则侧重于将心理学和决策认知科学的研究成果融入经济分析, 构建更贴近真实决策者的理论模型. 实验经济学家弗农·史密斯和实验心理学家丹尼尔·卡内曼分别获得了 2002 年的诺贝尔经济学奖, 2017 年该奖再次授予实验经济学家理查德·塞勒. 史密斯在市场实验、机制设计等方面成果卓著, 推动了实验经济学的发展成熟 (Wang et al., 2014); 卡内曼和塞勒则整合了心理学与经济学, 通过大量个体风险决策的实验, 提出了"前景理论""心理账户"等理论, 解释了期望效用理论无法解释的实验异象, 促进了行为经济学作为一个独立经济学分支的发展.

目前, 已有三代学者对行为经济学的发展做出了贡献 (Zhu et al., 2016). 第一代行为经济学家, 活跃在 20 世纪八九十年代, 通过实验室实验观察, 指出传统经济理论无法解释的异象 (如损失规避、阿莱悖论、锚定效应等); 20 世纪末到 21 世纪初, 第二代行为经济学家开始构建基于更真实行为心理基础的理论模型, 如不平等厌恶的合作模型、k 层次学习模型 (Wang et al., 2013) 等; 最近, 第三代学者在第二代研究的基础上, 将这些理论应用于实践领域, 以预测或引导人们的选择行为. 这门学科自诞生以来迅速发展, 为交通行为研究者提供了重要启示.

首先, 行为经济学理论与实验经济学方法的相互作用, 使得两者日趋完善, 成为学科发展的强大动力. 理论帮助研究者预见新环境下的行为, 启发实验设计中值得收集的数据, 并为数据分析提供基准模型. 同时, 数据分析中发现的现有理论无法解释的"异象"或规律, 又促使新理论的提出, 推动了理论的进一步完善. 实验方法的进步使经济学家能够获得更多新数据, 扩大了经济学理论的适用范围. 其次, 从这段发展轨迹中可以看出, 实验室实验作为研究的起点, 在严格控制干扰因素的条件下检验变量间的因果关系, 随后研究者可以在反复验证实验现象或因果关系的鲁棒性的基础上, 将实验室实验扩展到现场实验, 甚至是应用研

究 (Smith, 1976).

基于上述观察, 本书认为, 交通研究者应不断借鉴行为经济学的新理论和实验室实验的新方法, 并应用于路径选择等交通行为分析. 一方面, 应充分重视理论与实验实证之间的"对话", 使其相互促进、共同发展, 形成良性循环. 另一方面, 也要看到实验室方法的局限性, 注重与其他实证方法的互补, 逐步深入地识别行为规律、建模行为, 从而实现引导或改变行为.

2.2 实验设计的术语和基本原则

本章旨在为对交通选择行为实验感兴趣的学者和学生提供一个快速入门的指南. 对于更全面的实验研究方法介绍, 请参考以下著作: 丹尼尔·弗里德曼和山姆·桑德合著的《实验方法: 经济学家入门基础》; 纪尧姆·弗雷谢特和安德鲁·肖特合编的《实验经济学方法手册》; 以及国内实验经济学学者杜宁华教授编写的《实验经济学: 方法与实例》(第 2 版) 等. 这些著作将为读者提供深入的实验经济学理论和实践知识, 帮助读者更好地理解和应用实验方法.

2.2.1 实验室实验的定义

实验室实验方法已经发展成为检验行为理论和发现行为规律的一种科学研究范式, 并逐渐获得了广泛的认可. 以实验室实验为主要方法手段的实验经济学已进入经济学的主流领域, 并促进了很多个学科交叉研究方向的形成 (如, 例如行为运营、行为金融等). 实验室实验方法是指对于除感兴趣的操纵变量 (自变量) 和观测变量 (因变量) 之外的环境变量和干扰变量加以控制, 征召. 研究者招募自愿参与的被试者进入特定的实验室场所, 并将他们随机分配到不同的实验条件或实验处理 (treatment) 中去. 被试者通过按照遵循实验说明中的规则进行决策, 获得与实验中表现正向相关的金钱报酬, 同时, 实验者收集行为数据从而用于检验现有的理论预测或理论假设 (杜宁华, 2017; 孙晓燕等, 2017).

关于实验室实验与实验家族中与其他实验或实证方法之间的联系与区别, 见本书第 3 章 3.1 节和 3.2 节的详细论述.

2.2.2 实验设计的常用术语

(1) 实验变量

实验变量 (experimental variable), 有时也被称为设置变量 (treatment variable) 或实验的因子 (factor), 是指实验者所操纵的因素. 在不同研究问题中, 实验变量可能是实验中的决策环境 (比如, 路网拓扑结构、是否提供完全行前信息反馈), 也可能是实验中的或是交互机制 (比如, 参与者的决策顺序、成本函数结构).

一个实验变量可能包含具有多种取值或状态，而实验变量的各个状态被称作实验条件，这些也被称为实验条件，也可称为实验变量的水平或取值。

(2) 实验处理^①

实验处理（treatment/condition）是实验者对实验对象进行的干预或操纵，包括了实验说明、实验激励机制以及所有实验运行规则在内的整个实验流程。在心理学论文中，更常用"treatment"来表示实验处理，而在经济学论文中，"condition"则更常见，用来表示实验条件。

实验处理与实验变量紧密相关。例如，本书第5章研究行前信息对出行者决策的影响时，根据行前信息这一实验变量的不同取值水平，设计了完全信息反馈（full information condition）和部分信息反馈（partial information condition）两种实验处理/条件。在第9章中，研究私人出行方式与共享出行方式中选择偏好时，针对共享出行方式待分摊的总成本这一实验变量的不同取值水平，实施了高成本实验处理（condition H）和低成本实验处理（condition L）。

(3) 实验场次与实验轮次

实验场次（session）是指一组参与者共同参加同一实验条件下的某次实验。每种实验处理将在不同组别/群体中重复多次，以提高样本量和结果的可信度。在城市交通出行选择行为实验中，通常需要参与者反复做出路径选择决策，以模拟现实生活中的日常选择过程。实验轮次（round）是指一个场次实验中每一次独立的博弈决策。假设实验设定重复博弈80次，那么实验将持续进行80个轮次。在每个轮次中，所有参与者做出决策后，实验程序将完成收益计算和信息反馈，然后自动进入下一轮次（实验流程可见后面的图2-1）。

(4) 被试间设计与被试内设计^②

简单地说，被试间（between-subject）设计是指不同的实验处理由不同组的实验对象来参加，被试内（within-subject）设计则是同一组实验对象依次完成不同实验处理的实验。这两种设计本身没有优劣之分，究竟选择何种方式主要取决于研究问题和实验实施中的约束条件。当存在不可回避的个体差异会对核心变量产生影响，那么需要考虑被试内设计。

被试内设计的主要好处在于：①节约样本数量；②便于控制实验对象的个性、风险态度、社会经济属性等个体相关的变量。因此，一方面，出于实验经费约束或是样本获取难度大等方面的考虑，被试内设计能够以较低的成本完成实验，另一方面，如果有理论或实验结果显示某种个体属性将有很大概率会影响实验观测结

---

① 本书第6—8章使用实验场景（scenario）替代实验处理的说法，是因为所涉及的8个实验处理并不是同一时期、为了同一个研究问题开展的，也不是一次性地根据几个实验处理变量的取值水平不同而产生的，而是将不同时期开展的系列实验数据进行整合得到的。为了区别开，我们将8个不同实验处理称为8个实验场景或情景。

② 初学者很容易犯的错误就是忽略了被试间设计与被试内设计的区别，在没有周全地思考和控制实验干扰变量的情况下急于开展实验，直到数据处理时，甚至审稿人质疑时才追悔莫及。

果，从而难以清洗出得到的观测结果究竟是来自于对实验变量的操纵还是来自于实验对象的个体属性时，常常可以采取被试内设计来最大程度上控制个体因素的影响。然而，同一组实验对象要完成多个实验处理的被试内设计还存在两个主要的弊端：①难以剥离实验对象先参加的实验处理对后参加的实验处理的影响（即学习效应）；②随着实验的持续进行，实验对象可能产生疲劳或厌倦情绪（尽管实验者应尽力保证每个场次实验不超过 2 小时）。

因此，保证被试内设计取得预期实验目的的关键是要设计不同实验处理的实施顺序，从而尽最大可能克服实施顺序对实验结果的污染。实验心理学与实验经济学经历了几十年的发展，已经开发出诸多适用于被试内设计的随机化方法，包括交叉设计、双重实验、拉丁方设计等。下面简单介绍一下 ABA 交叉设计的思想：如果所有实验场次均是先实施实验处理 A 后实施实验处理 B，则无法排除实验对象的学习效应对其在实验处理 B 中的表现的影响。那么可以采用的方法是在一半的实验场次中采用 ABA 顺序实施，而另一半的实验场次中采用 BAB 顺序。如此，观察到的实验处理 A 和 B 下的平均表现之间的差异便可以被认为是确切地反映了核心处理变量的效果。

2.2.3 如何通过有效的实验设计来实现"控制"

实验室实验相较于其他实证类方法最大的优势便是它的控制性，即可以事先人为地控制住环境变量或市场机制变量，在严格控制的实验环境下，观察实验对象（受到货币激励的人）的决策行为。那么，如何通过有效的实验设计来充分发挥实验室实验"可控性"的优势呢？常用的手段主要包括以下几种。更加详细的介绍请读者自行查阅实验经济学和实验心理学相关书籍。

（1）直接控制手段：常数或处理变量

控制变量最简单的方法是保持该变量的取值在一个适当的水平上不变。例如，在交通行为选择实验中，当我们考察的核心处理变量是行前信息反馈的数量（部分信息或完全信息）时，保持路网拓扑结构和成本函数不变是控制实验环境变量的重要做法。然而，当我们的实验目标是检验 Braess 悖论在真实人群中是否存在时，路网拓扑结构就不再是需要控制不变的变量，而是成为核心处理变量，而信息反馈规则便成为必须要在不同实验处理中保持不变的干扰变量。

另一种做法是将变量的取值选出两个或更多的取值级别，使得对应每个级别的实验结果有很大的差异，同时在同一个场次实验内部保持该变量的级别不变。例如，在本书第 9 章研究中，我们将共享出行待分摊的总成本区别为两个级别，并开展了两个实验处理（分别命名为高成本组别和低成本组别）。每组实验对象在参加任意一个实验处理的实验时，这个总成本的级别是保持不变的。

(2) 间接控制手段: 随机化

有些变量难以或无法被控制, 常见的做法是进行随机化处理. 例如, 实验当天的天气和气温、实验对象对实验的耐心和兴趣 (尤其是在被试内设计的实验中)、实验对象是否拥有驾照以及个人社会经济属性等. 随机化的基本思想是通过确保无法控制的 (甚至是无法察觉的) 变量最终从处理变量中剥离出来, 从而达到对它们的间接控制. 具体做法是随机指定处理变量的级别.

为了控制实验对象的社会经济属性对实验结果的干扰, 我们总是在控制每个实验场次参与者性别比例大致相当的基础上, 随机分配志愿者到不同实验处理、不同场次的实验中. 再如, 在本书第 9 章的实验中, 每一个轮次开始时, 所有参与者都会被随机分配一个角色. 相比于固定角色的设计方法, 如果实验对象的个人社会经济属性等特征对其在博弈中决策行为存在某种实验者不了解或不希望发生的影响时, 随机分配角色的方式能够最大限度地控制这种潜在影响对实验观测结果的影响.

最简单有效的实验设计是完全随机化, 即每一个处理变量在每一次实验中被使用的可能性均等. 当有两个或以上的处理变量时, 可以采用块状随机化、因子设计等方法, 这些方法将随机化和直接控制结合起来. 更详细的方法请参阅相关书籍.

2.3 实验实施的基本原则和流程

2.3.1 实验实施的基本原则

根据弗农·史密斯对经济学实验方法的总结 (Smith, 1984) 以及杜宁华对实施经济实验基本条件的总结 (杜宁华, 2023), 一个被实验者有效控制的实验必须满足下述五点要求: 报酬的单调性、报酬的显著性、报酬的优超性或占优性、实验的隐私性和实验的并行性. 其中前三点是弗农·史密斯提出的引致价值理论 (induced value theory) 所要求的. 引致价值理论的关键思想就是, 通过恰当地使用一个报酬媒介, 实验对象能够表现出实验者想要的特质, 而且同时参与者本身固有的人格、性格、风俗习惯等性质大部分变得毫不相关.

(1) 报酬的单调性

报酬的单调性要求实验参与者的效用函数应当是预期实验报酬的严格单调增函数. 只要使用本国货币作为报酬媒介, 这个条件就可以满足. 而采用真实的本国货币或现金作为报酬媒介也是目前经济学实验与心理学实验的一个显著区别. 另一个重要区别是, 心理学实验允许实验对象在不知情的情况下参与实验, 社会心理学家有时会在欺骗的基础上进行一些有趣的实验 (例如, 假装告诉实验对象实验已经结束, 但实际上仍然在观察他们的行为), 然而经济学实验则不允许任何形式的欺瞒。实验经济学家需要与实验对象建立起完全的信任感，因为一旦实验对象对所公布的行动与报酬之间的关系产生怀疑，那么实验的显著性和占优性将会受到损害，甚至可能损害实验者对控制实验变量的能力。

(2) 报酬的显著性

报酬的显著性是指实验对象收到的报酬与他们的行动之间的关系是按照实验者设计的规则来确定的，并且实验对象理解这种关系。为了确保实验对象理解这种关系，实验者通常在实验讲解或说明之后，通过几道简单的测试题目来检验他们的理解程度，甚至可以采用几轮预实验来促进实验者正确理解实验设定以及自身行动与实验报酬之间的关系（例如，本书第6章所实施的多场景实验均采用了预实验环节）。值得注意的是，由于需要满足单调性和显著性的要求，实验者往往需要找到那些机会成本低且学习曲线陡峭的实验对象，因此，本科生往往是不错的选择。

正是显著性这一要求将受控制的实验室实验与 RP/SP（如实地调查或电话调查）调查方法区分开来。尽管实验者在发放调查问卷时也会给予实验对象一定的物质报酬或小礼物，但这些报酬的价值通常是预先设定且固定不变的，并且与实验对象是否认真、真实地报告自我情况并无直接关系，这就违反了显著性要求。再例如，参加实验的出场费也不具备显著性，因为实验对象获得出场费与其在实验中的实际行动、决策和选择没有明确的相关关系。

(3) 报酬的优超性或占优性

报酬的优超性或占优性是指实验对象效用的变化主要来自报酬媒介，其他影响可以忽略不计。假定一种报酬媒介是将学生在实验中获得的代币或分值换算后计入课程总分，在换算率很低或个体实验分值差异不大的情况下，则不具备占优性。比如，如果实验中表现最佳和最差的两位同学，换算后体现在课程总分的差异仅为0.5分，这个报酬是不足以激励所有同学花费智力、精力认真参与实验的。再例如，实验对象往往对其他实验对象获得的报酬很关心，也可能对实验真实目的非常好奇，但如果实验程序使得任何其他参与者的报酬都是无从得知的，并对实验真正目的保密，那么我们就有更大的把握排除掉实验对象的行为表现主要是为了损他/利他、为了增加/减少与他人报酬的差距或为了迎合实验者真实目的等非实验者希望引导出的行为目的。

(4) 实验的隐私性

实验的隐私性是指实验对象只接受与个人报酬相关的信息。满足这一要求不仅是实验道德委员会的要求，也是对报酬优超性的重要保障。现实生活中的人不仅自私，还可能具有利他、不公平厌恶等偏好特征。如果在实验的前半段结束后，所有参与者的收益情况全部公开，那么在后半段游戏中，参与者可能会出于害怕自己收益远超他人或耻于自己表现远低于他人而调整策略，使得实验后半段的物质激励失效.

为了确保隐私性的实现，我们采取了一系列具体的实验程序:

1) 随机分配参与者到不同的实验组别;

2) 实验对象来到实验室后，被随机分配座位，之后所有实验都在自己的隔间进行;

3) 实验室设计宽敞的隔间，每个座位之间使用高高的围挡，使得相邻座位上的人之间难以互相看到，更无法交流;

4) 在整个实验的任何环节，实验对象有任何问题均不能公开提问，也不能离开自己的座位，实验者在看到参与者举手示意后将来到隔间与之私下解决;

5) 实验结束后，领取报酬的环节也是完全保密的，每一个参与者序贯进入房间，确认自身收益、接受现金报酬并签字离开.

(5) 实验的可重复性或并行性

可重复性或并行性应当是所有科学实验必须具备的性质. 而选择在校大学生作为实验对象的好处之一便是方便满足可复制性的要求. 实验的外部有效性一直是一个争论中的开放性问题，对这一争议性问题的探讨贯穿了实验经济学发展的整个历程. 这里提供几种经典的观点供读者参考.

"即使一种给定的机制在一个、两个或三个实验室实验中显示有效，我们也不能确保它在我们想利用它来做重要决策的第四个环境中同样有效." (Bohm, 1984, p.137)

"在实验室的微观经济中被证明了的关于个人行为和制度表现的定理也适用于非实验室的微观经济，只要'其他条件相同'这个条件成立."

"一般的理论和模型从定义上来说适合所有的个别例子. 因此，一般的理论或模型应该在实验市场的特殊环境下成立. 当模型无法在特殊情况下观察到某些现象，那么应该根据经验对这些模型进行修正或拒绝. 因此，实验方法与现实之间的关系也就建立起来了."

从研究方法论上来说，想要将在重复的受控实验中发现的稳定存在的行为规律或稳定有效的机制设计应用于不同于实验环境或实验对象人群的现实问题中时，实际上是在应用归纳法而非演绎推理. 我们连续观察了10年，每天太阳都在早上升起，我们无法以严密的逻辑推理出明天早上太阳一定会升起，但只要太阳不再升起这个小概率事件发生（例如我们第一次发现世界上存在黑天鹅）之前，我们都有理由相信"太阳每天都将升起". 归纳法是科学研究中最常用的方法之一，它是通过观察和实验来总结和归纳事实，从而得出普遍性规律或理论. 我们建议学者不要将经历耗费在无谓的质疑和争论当中，而是要真正努力去检验外部有效性. 合理的检验方法包括，显著提高实验报酬后重复实验，招募更多的具有真实经验的人群参与实验, 或变化不同的实验控制条件后重复实验.

2021 年发表在《科学进展》(*Science Advances*) 杂志上的论文探讨了正在发生的"论文复现危机". 在这项研究中, Serra-Garcia 和 Gneezy 收集到了 80 篇发表在顶级心理学、经济学和其他综合类科学期刊 (如《自然》和《科学》) 上论文的数据, 并进行了系统复制. 发现, 在心理学领域被调查的 100 个实验中, 只有 39% 被成功复制; 经济学领域的 18 项研究中有 61% 的可被复制; 无法重现的研究比成功重现的研究被引用的频率明显更高. 因此, 重复已发表的实验、将已有实验不断开展到新的人群、新的问题场景等工作是非常有意义的, 需要未来研究持续开展.

2.3.2 开展行为实验的一般步骤

一般意义上来说, 实验室实验的设计与实施包含以下基本步骤.

(1) 提出研究问题

无论是从现实问题出发的还是从现有文献理论出发的行为实验研究, 都必须要首先精确定义和表述出研究问题. 研究者要在对研究问题的行为本质、理论基础、适用范围、实践指导意义等方面深思熟虑的基础上方能开始实施实验. 根据所要探究的问题, 或可采用研究者可以选择现有的理论模型作为待检验的理论, 例如本书第 6—8 章采用纳什均衡理论、离散选择模型、逐日动态经典理论, 本书第 5 章采用强化学习理论等, 或者根据研究问题量身制作定制出 (tailor) 能够对实验结果做出精确预测的新理论, 例如本书第 9 章提出的考虑共享出行的博弈模型.

需要说明的是, 行为实验通常采用的是"从提出理论到实验检验理论"的研究路径, 背后遵循的是演绎推理法. 然而, 也有一些 (数量相对较少) 的行为实验遵循归纳法, 采用的是"从实验现象中发现规律从而启发理论建模"的研究思路, 例如本书第 7 章和第 8 章便是这类研究的实例.

(2) 设计实验

一个经济博弈实验的设计主要包括四个方面: 博弈环境、市场机制/交互规则、实验对象、实验处理. 对于城市交通出行行为实验来说, 博弈环境包括路网拓扑结构、路径成本函数、可供选择的出行方式集合、信息反馈规则等. 市场机制/交互规则包括参与者同时决策/序贯决策、拥挤效应发生的群体范围等. 实验对象的设计将在下一条中详述. 实验处理是非常关键的一步, 实验者需要决定使用多少种不同的实验处理, 每个因素采用多少种不同的水平, 设置在何种取值区间, 采用被试内或是被试间设计等问题. 可行的误差控制设计方法包括随机设计、随机区组设计、拉丁方设计以及因素分析.

(3) 招募参与者并实施实验

实验对象的设计既包括了确定实验拟招募的参与者群体定位 (如是大学生或是具有驾驶经验的出租车司机或其他特定人群)、招募方法、使用方法, 也包括了参与者成本/收益包括游戏分数的计算方式、游戏分数与现金报酬的兑换方式等相关参数. 需要注意的是, 所有的处理变量或干扰变量的取值设置既要能够引导出参与者在不同实验处理之间的差异性, 又要简单、易行, 便于参与者理解. 例如, 在本书第 9 章中, 异质性私人成本被设定在 1—100 之间, 而非 1—200 之间或 1—1000 之间, 是因为 100 以内的数字是生活中最常见、参与者最容易理解的范畴. 同时, 扮演角色 j 的参与者的私人成本计算公式设定为 $(100 / j) - 7$ 中的参数设定, 也是在已知每组 10 个参与者的基础上, 为了使得每个参与者的私人成本均落在 1—100 之间且能保持足够的区分度而选取的 (例如 93, 43, 26, 18, 13, 9, 7, 5, 4, 3).

(4) 数据分析与假设检验

实际上, 数据分析并不是实验实施环节才开展的, 训练有素的实验研究者在实验设计环节就应当全面地想清楚收集何种数据、运用何种数据处理方法, 并会预演可能出现的不同实验结果, 提前找到如果数据支持或不支持理论假设那么背后的潜在行为解释和理论支撑有哪些等等. 杜宁华 (2023) 在书中提出了一个方法来帮助评价实验设计的有效性: 观察值 = 个体效果 + 实验处理效应 + 实验设计误差 (不恰当运用实验处理而产生的误差)+ 观察误差 (对各种效果度量的误差). 实验设计的目的在于从上述现行模型中剥离出实验处理效应.

2.3.3 交通行为实验的基本流程

为了更清晰地展示策略不确定条件下交通选择行为实验的实施过程, 本书借鉴文献 (孙晓燕等, 2017) 的基础上, 绘制交通选择行为实验典型流程如图 2-1 所示.

2.4 对交通行为实验研究的常见质疑与回应

历史上, 任何一种新兴研究方法从出现到逐渐被主流学者所接受或默许, 一般都要经历二三十年的艰难历程. 自 1992 年 Iida 发表了第一篇交通行为实验论文以来, 交通选择行为实验研究经历了 30 多年的发展, 逐渐成为一个交通管理、经济学和运营管理交叉的新兴研究方向. 尽管交通科学国际主流期刊 *Transportation Research Part C* 已经于 2017 年发表了 Dixit 等关于实验经济学在交通选择中应用的综述文章, 这似乎在一定程度上代表了部分交通领域学者对实验经济学方法在本学科应用的认可, 但根据本书作者的投稿经历, 来自匿名审稿人对研究方法的质疑仍然较为强烈. 本着"真理越辩越明"的态度, 我们总结了几类对交通选择行为实验的常见质疑, 并给出我们的思考与回应. 我们真诚欢迎各位前辈、同仁批评指正.

2.4 对交通行为实验研究的常见质疑与回应

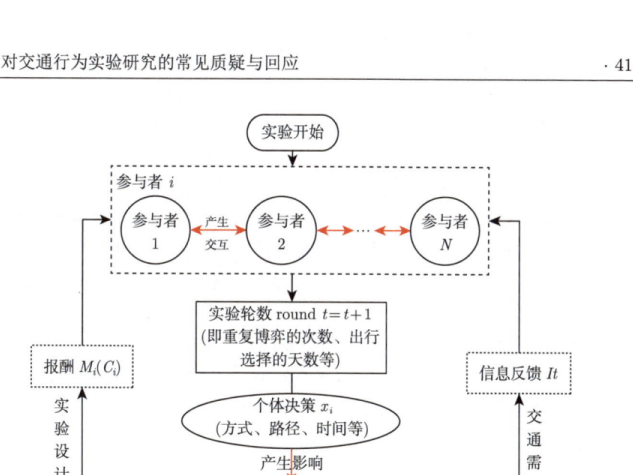

图 2-1 策略或内生不确定条件下的交通出行选择行为实验典型流程图

(1) 关于极端简化的实验参数设置

例如, 匿名审稿人曾提出过这样的问题 "Why linear cost function? Why parallel routes? Why the simplifying assumption were helpful or necessary (e.g. parallel routes, linear travel time functions, etc.)?" (译文: "为什么使用线性成本函数? 为什么选择平行路线? 为什么简化假设是有帮助的或者必要的 (例如平行路线、线性旅行时间函数等)? ")

我们的回应是: 一种公认的实验室实验分类方法是由经济学家 Alvin E. Roth 提出的. 任何实验的目标都分为三类, 即 Roth 提出的 "与理论家对话"(speaking to theorists, 即测试和修改正式的经济理论)、"寻找事实" (searching for facts, 即发现意想不到的规律) 和 "与王子耳语" (whispering into the ears of princes, 即对决策过程有直接的投入).

交通选择实验的目的首先是寻找行为规律，然后对现有的路径选择理论进行检验和改进，也就是说偏向于上述第一类或第二类实验，而非第三类实验。对于实验室实验方法，Rapoport 和 Mak 认为其重要优势之一是可以控制关键变量（例如成本、效益和信息）以收集"清晰"的数据，这在实地研究中通常是不可能的。为了充分利用实验的优势，本书简化了现实交通中的一些属性，例如，采用平行路径连接单一 OD 的网络拓扑结构、简单的线性成本函数、精简的信息提供机制以及决策环境等。

具体地，采用线性成本函数的原因主要有：一是形式简单，便于参与者短时间内理解旅行时间变化规律，二是线性成本函数已经能够捕捉路径旅行时间和交通流量之间最为重要、最为本质的关系（即呈正相关变化规律）。实际上，当下几乎所有交通选择行为实验也都是这样做的。

(2) 关于使用大学生作为参与者

我们回应使用大学生作为参与者的依据主要是参考《实验方法：经济学家入门基础》第 2 章 2.7 节引致价值理论和第 4 章 4.1 节实验对象。这里将书中的核心观点结合我们的理解整理复述如下，以免去读者查阅原书的繁琐。目前为止，大多数实验室实验研究的对象都采用大学本科生，然而我们也要尽量避免大量使用博士生或者高年级的管理学院、经济学院或商学院的本科生，因为他们很可能知道实验者的真实目的从而矫饰自己的行为或者故意做出迎合实验者目的的举动。

使用大学生作为研究对象的好处主要有：①易于招募而且学生本身生活在校园中，参加实验的成本很低。这样既方便在校园展开实验，又方便其他学者在不同地区或不同校园来复制实验。②学生对象的机会成本低，因此可以以较低的成本获得实验数据。③相对陡峭的学习曲线。大学生具备较好的理解力和语言能力，并具有一定的数学基础，比较容易理解实验者设定的场景并理解自身的选择行为与其收益之间的关系，这能够帮助实验者高效快速地完成一组实验。④较少地接触具有混淆性的外部信息。学生的成长环境相对单纯，价值观还在塑造阶段，对新生事物的态度相对更为开放，较少受到社会偏见或极端信息的影响。

具体地，针对策略不确定条件下的交通路径选择行为，Meneguzzer 和 Olivieri (2013) 曾组织了 30 名具有不同身份和背景的参与者开展实验，发现，个体选路的更换频率与其所经历的旅行时间的历史均值显著相关，然而，这两个变量均与参与者的个人特征（年龄、性别、是否为真实通勤者）在统计上并不显著。这一结果一定程度上支持了在基于大学生作为参与者而进行的实验室实验中得到的研究结论的外部有效性，即在大学生参与者群体中发现的行为规律一定程度上能够一般化到真实的出行者群体上。

当然，如果研究对象有明确的特殊要求，或者要研究的问题只发生在特定的人群中，而这类人群与一般化人群的行为模式和思考习惯存在显著差异，则更加适合采用实地实验或田野实验 (field experiment) 的方法, 针对现实生活中的真实人群开展. 例如, 针对小区居民研究人们对垃圾分类政策的态度 (徐林和凌卯亮, 2019), 针对私家车驾驶员来考察其对诱导信息的服从行为 (Zhong et al., 2012; Lu et al., 2016), 针对老年人群来探究其对无人驾驶网约车的接受度等 (景鹏等, 2021).

(3) 关于"少量"参与者

例如, 匿名审稿人曾提出过这样的问题 "The oscillations of flows during evolution may be affected significantly by the small size of participants involved in the experiments." (译文: 演化过程中流量的波动可能受到实验参与者的数量少的影响很大.) 或者 "Please provide a quantitative description of the population – age, gender, car ownership, etc. 16 subjects per scenario is a very small sample." (译文: 请提供人口的定量描述——年龄、性别、车辆拥有情况等. 每个场景 16 个受试者是一个很小的样本.)

我们对于"少量"被试或者"每组实验人数较少"的回应主要是基于《行为运营手册》中的相关论断. 作者在书中写道, 对于本章所开展的这类实验研究的一个常见批评是, 它们涉及简单市场中的人工实验室条件下的非常小的用户群体. 虽然实验室实验、实际观测和田野实验三种研究方法之间孰优孰劣是持续争论的主题, 但我们承认实验室实验允许从理论中得出严谨和明确的预测, 是其他两种更加接近现实的研究方法所难以做到的. 以检验理论的解释力为总体目标, 我们认为这是一种值得采取的权衡取舍. 最终, 我们希望采用不同实证研究方法的研究成果可以相互补充, 从而能够提供放置于不同问题背景均成立的行为理论或行为规律.

(4) 关于随机结束机制

例如, 匿名审稿人曾提出过这样的问题 "Stochastic endpoints are explicit social dilemmas, while Selten used many rounds in order to simulate learning. Stochastic endpoint setting makes comparing between sessions statistically problematic." (译文: 随机结束机制会导致明确的社会困境, 随机终点设置使得在比较不同组别上导致统计上的问题.)

首先, 实验者被告知实验将在预先确定的但未公开的时间结束, 以避免终局效应 (end game effect). 许多研究将这种随机结束机制 (stochastic endpoints) 应用于研究演化博弈理论领域的声誉、合作和互惠, 为了让参与者在做出当下决策时也考虑未来相遇或合作的可能性 (induce high shadow of the future), 同时也避免由于参与者预期游戏会在一个确定回合中结束从而影响当下决策. 其次, 这是为了模仿现实中的路径选择博弈, 在这种博弈中, 通勤者在相同的出发地和目的地之间日复一日地产生交互, 而没有共同的预期结束时间. 如果博弈中的参与者不知道博弈将重复多少次, 那么一个有限次数重复的游戏可以被视为具有无限期前景.

当然, 曾有一个审稿人建议了一种更加简单易行的方法——仍然采用固定轮数, 只是不告知参与者究竟重复多少轮数, 待实验到达设定轮数之后自然停止. 我们认为这种做法也不无道理. 随机停止机制与保密的固定停止机制这两种方案都提供给读者设计实验时参考.

(5) 关于重复实验轮数的设定

例如, 匿名审稿人曾提出过这样的问题: Fatigue in repeated experiment. ① Each experiment lasted for 90 to 120 minutes. This seems quite long time and effects like loss of attention or tiredness may affect the performance. ② With 80 rounds I am really concerned with the subjects experiencing boredom and fatigue with the repeated experiment. (译文: 重复实验存在被试疲劳问题. ① 每次实验持续 90 到 120 分钟. 这段时间似乎相当长, 注意力不集中或疲劳等因素可能会影响表现. ② 在 80 轮实验中, 我非常担心受试者在重复实验中会感到无聊和疲劳.)

在参考了大多数现有实验之后, 我们试图设置总轮数的范围在 70 到 120 之间以平衡两个考虑因素: 如果轮数过短, 参与者可能没有足够的机会学习和达到均衡; 而如果轮数过多, 他们可能会感到疲意或无聊. Selten 等 (2007) 在一个长达 200 轮的会话中重复了游戏, 但仍然没有观察到显著的收敛趋势. 此外, 作为一种计算机化的实验, 每轮博弈所需时间较短. 因此, 我们认为将总轮数设在 70 至 120 之间是合理的范围.

(6) 关于实验结论的外部有效性

例如, 匿名审稿人曾提出过这样的问题: "Please notice that REAL individual choice is not analyzed in this work – only EXPERIMENTAL individual choice, so need to discuss how the two behaviors might be associated, and weather this work might contribute to the understanding of REAL behavior and how." (请注意, 这项工作并未分析真实的个人选择——只有实验性的个人选择, 因此需要讨论这两种行为可能如何关联, 以及这项工作是否可能有助于理解真实行为以及如何理解.)

关于这一问题的回应, 我们将在本书第 3 章中 3.1 节进行详细探讨.

第 3 章 实验经济学研究方法的适用性探讨

3.1 实验经济学应用于交通行为研究的方法论基础

随着行为经济学的理论与实验室实验方法被广泛应用于其他领域, 逐渐催生了行为运营管理逐渐催生了行为运营管理、行为金融和行为营销等新兴学科. Dixit等 (2017) 对实验经济学方法在交通行为研究中的应用进行了系统综述, 而 Zhu等 (2016) 也做出了相关贡献. 在交通路径选择行为实证研究中, 传统的数据收集方法主要包括两种实地调查方法和一种实证观测方法. 两种实证调查方法主要是RP 调查 (revealed preference survey) 基于出行者过去真实发生的路径选择行为下的实际调查为基础的实证分析方法和 SP 调查 (stated preference survey) 基于模拟道路环境下的假设场景调查出行者选择和对于交通信息的响应行为的模拟调查分析方法. 观察方法则是在真实交通网络上进行实证观测, 也称为观察性实证方法. 实地调查方法通常通过调查问卷、访谈和焦点小组座谈收集数据, 以了解出行者在现实生活中的选择行为 (RP 调查) 或假设场景下的意向行为 (SP 调查). 正如 Hensher(2011) 在综述中所指出, 这类方法常常面临样本抽样和样本量的严格要求, 以及自我报告偏差的挑战 (Song et al., 2019). 由于受访者不会因为回答的真实程度而承担任何后果, 他们的努力程度是缺乏激励和监督的, 而他们是否认真回忆, 或者是否尽最大努力地去理解假设的场景以及自己可能的行动, 将很大程度上影响调研结果的信度和效度. 而观察性实证方法, 即直接在真实的交通路网上进行实证观测, 从理论上来说, 应该是开展路径选择和交通规划研究的最理想的研究方式, 然而由于实施成本高、干扰因素多、操作难度大, 实际应用相对较少.

Dixit 等 (2017) 指出, 基于引致价值理论而进行恰当设计的实验经济学方法 (包括现场实验、虚拟现实实验、实验室实验) 通常具有高度的内部有效性, 可以作为实地调查和实证观测的替代方法 (Zhu et al., 2016).

实验室实验是指研究人员对自变量和因变量以外的干扰变量实施有效控制, 创建一个特定的实验环境, 招募自愿参加的参与者们进入实验室, 并将其随机分配到不同的实验条件中去, 告知参与者按照实验说明中的规则进行选择并获得与自身在实验中的表现相应的货币报酬, 以此获取数据来检验现有的理论预测或假设. 虚拟现实实验 (virtual reality experiment) 通常是利用驾驶仪仿真器或虚拟现实设备进行的，是介于实验室实验和现场实验之间的实验方法．场实验（field experiment）是介于实验室实验和实证观察方法之间的实验方法，与基于实际交通场景自然产生的数据的实证观测方法相区别．

正如杜宁华（2017）所指出的，当前的科学研究方法很难同时具备高度的内部有效性和外部有效性（Zhu et al., 2016）．研究者根据自己研究目的侧重点不同而选择适合的研究方法．内部有效性或者内部效度是指能够正确地将某个观测现象或结果归因到某一种特定的被研究因素上去，而能够最大程度避免错误地归因到其他的干扰因素或控制变量上面去．外部有效性是指基于有限样本得出的研究结论推广到更为一般的总体中去仍然能够成立．基于此，在上述实证与实验方法中，实验室实验具有最强的内部有效性，次之的是虚拟现实实验，更次之的是现场实验，而实证观测的内部有效性最弱．通常我们认为内部有效性和外部有效性是相互排斥的，也就是说，内部有效性强的方法往往在外部有效性上会受到一定的限制．几种研究方法的效度排序如图 3-1 所示．上述不同的研究范式在保证内部有效性和外部有效性方面各有所长，实验经济学方法是内部有效性最强的研究工具，可以作为各类研究的起点．从行为经济学发展的轨迹上也不难看出，从内部有效性高的研究方法逐渐向外部有效性高的方法发展是一条可行的研究发展路径，这使得在严格控制的条件下检验出的稳定的行为规律能够逐步达到指导实践的最终目的．

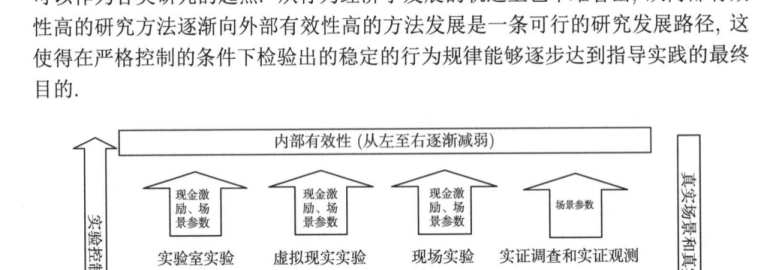

图 3-1　四种实验或实证研究方法的内外部有效性比较示意图（改编自（Dixit et al., 2017））

随着 GPS 等跟踪技术的发展, 智能手机、智能卡片、车辆互联等人工智能软硬件的推广, 越来越多的现场实验得以应用在包括安全车速管理、停车收费、交通方式选择等研究中 (Rapoport et al., 2014b). 然而, 现场实验方法对于出行者 "路径选择" 这一研究问题的探讨可行性十分有限. 一方面是由于其经济开销大、操作性较低; 另一方面原因是现场实验可能还会受到非参与者利益相关群体的制约, 形成的公众舆论会反过来影响参与者的态度和行为, 例如, Bohm(1984) 在瑞典斯德哥尔摩市计划进行为期六个月的公共交通服务收费的现场实验, 由于遭遇了公众的联合抵制, 最终不得不停止实验 (Selten et al., 2007). 另外, 使用虚拟现实实验方法对出行者路径选择进行研究时也具有一定的局限性, 主要是由于路径选择行为研究需要持续采集一个出行者群体的数据, 因而一组参与者同时在各自的驾驶仪上进行虚拟现实实验的经济成本巨大. 综上分析, 实验室实验方法, 以其成本低、实验条件可控、可复制性强, 能够获得高度的内部有效性的优点, 成为研究者探究路径选择行为规律的有力工具. 而近年来, 越来越多的包括运营管理、交通管理、经济学在内的各个领域的研究者开始关注路径选择行为实验, 并取得了不少的成果, 也不断地印证了该方法在交叉领域研究中的可行性和潜力.

3.2 实验经济学发展路径对交通行为研究的启示

近四五十年来, 实验经济学和行为经济学的快速发展为复杂不确定性条件下决策行为的实证研究提供了便利. 目前, 已经有三代学者对于实验经济学或行为经济学的发展做出了卓越的贡献 (杜宁华, 2017). 回顾实验经济学与行为经济学学科领域迅速发展的历程, 交通行为和交通管理研究者至少得到两个重要的启示 (齐航, 2018).

第一, 行为经济学的理论与实验室实验的方法, 交替地互相作用, 使得对方更趋完善, 为这门学科向前发展提供了强大动力 (如图 3-2 的上半部分). 一方面, 理论对人们的决策行为形成预测, 指导实验设计应当收集哪些数据, 并为行为分析提供基准参照. 另一方面, 实验中发现的现有理论不能解释的 "异象" (anomalies) 或规律可以启发研究者提出新的理论, 通过不断地使用理论解释新 "异象" 的方式, 相关理论也便日臻完善.

第二, 实验室实验可以作为各类实证研究的起点, 在严格控制各种干扰因素的条件下检验变量之间的因果关系. 研究者可以在反复检验该实验现象或因果关系稳健性的基础上, 逐步将实验室实验扩展到现场实验, 甚至指导实践的应用研究中去 (Dixit et al., 2017).

本节简述了两种传统的实证交通行为数据采集方法的特点, 分析了三种实验经济学中的数据收集方法 (包括实验室实验、虚拟现实实验、现场实验) 在内部和外部有效性上的优劣势，最后评述了虚拟现实实验和现场实验应用在路径选择问题研究上的局限性，进而提出实验室实验的方法可以作为交通路径选择行为研究的一种成本低、易于控制干扰因素、可复制性强、内部有效度高的研究方法。尽管实验设计中的路网与现实世界还有很大的差距，但恰当规范的实验设计不仅能较好地模拟实际路径选择场景中的关键条件（如不确定性来源、道路 BPR 成本函数、路段与路径的拓扑关系等），而且能够有针对性地检验相应的理论问题（如均衡预测等）.

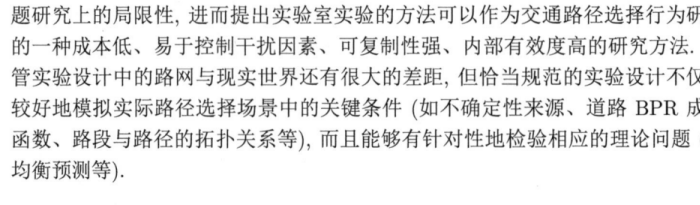

图 3-2 实验经济学领域与交通行为科研领域研究范式对照示意图

在简单回顾了行为经济学的发展历程之后，本书认为在这类交叉研究中，应当高度重视实验现象与现有路径选择理论之间的"对话"，两者互相检验和完善、共同发展。研究者们运用实验室实验的方法在内部有效性得到保证的基础上，得到稳定的行为规律，然后继续放松实验假设，在实验环境下进行鲁棒性检验（robustness check），随后在真实路网上进行实验或实证观测，以逐渐探讨研究结论的外部有效性。这被认为是一条可行的研究发展路径。

3.3 当前研究趋势

Dixit 等（2017）和齐航等（2021）的文章是当前最新探讨实验经济学方法应用于交通出行选择行为研究的综述文章。因此，齐航等（2021）梳理了近五年（2018—2022）最新发表的策略性交通出行选择行为实验研究共 15 篇。这些论文发表的期刊包括：行为运营期刊 *Production and Operations Management*、行为经济期刊 *Journal of Economic Behavior and Organization*、交通管理期刊 *Transportation Research Part A/B/C/F* 以及期刊 *Transportmetrica*、*Travel Behaviour and Society* 等，其中国内学者主导的论文比例达到 40%。这一现象说明，交通科学领域的国际期刊正在越来越接受实验室实验研究范式，并且国内学者的贡献度越来越大，也取得了一定的话语权。本书从实验设计中的控制变量、操纵变量（自变量）、观测变量（因变量）三个方面，将最近五年该方向的研究发展趋势概括为三点：

（1）对实验环境中控制变量的设定更为丰富，还出现了少量在真实路网上进行的实地实验（Thaler and Sunstein, 2008; 齐航, 2018）。实验控制变量包括：路网结构和路径成本函数设定、出行者特征假设等。与早期实验中路径线性成本函数设定不同，Ye 等（2018）和 Meneguzzer(2019) 采用了非线性成本函数来刻画路径旅行时间；与大多数实验的参与者"同质化"假设不同，Rapoport 等（2019）和 Yang 等（2022）分别考察了具有异质成本函数的参与者和"错时工作"的参与者；与大多数实验假定拥挤道路不同，Han 等（2021b）和 Zhang 等（2022）考虑了正外部性和负外部性同时存在的决策情景。

（2）探究 ATIS 或交通需求管理（TDM）政策影响的实验研究热度不减。这类研究是策略性出行选择行为实验研究中开始最早、数量最多的分支。与过去实验将 ATIS 提供给出行者的信息的"量"作为操纵变量不同（分为完全信息或部分信息的不同处理），Liu 等（2011）将 ATIS 的市场渗透率（能够获取完全信息的出行者比例）作为操纵变量开展实验（Rapoport et al., 2006）。与大多数实验考虑用户均衡型信息发布策略不同，Klein 和 Ben-Elia(2018) 通过引入奖惩机制来提升出行者对于以系统最优为准则发布的诱导信息的服从率。Mak 等（2018a, 2018b）假设出行者是序贯决策而非同时决策的，对于任一出行者而言，操纵变量是在其之前已经做出选择的出行者的决策是否可见。

在该出行者之前已经做出选择的其他出行者的决策是否可见。

（3）实验观测的重心从路径选择决策逐渐扩展到出行方式选择和出发时间选择等策略性出行行为。随着实验室实验方法日渐为交通学者所接受和采纳，学者们将这种新范式应用于本质相同、研究较少的出行方式选择（Rapoport et al., 2019; Denant-Boèmont and Hammiche, 2010; Dechenaux et al., 2014; Liu et al., 2015; Han et al., 2021b; Zhang et al., 2022）和出发时间选择（Daniel et al., 2009; Sun et al., 2017; Sun et al., 2022; Yang et al., 2022; Mak et al., 2018a, 2018b），促成了更多学科交叉成果的出现。

3.4 未来研究方向

近年来，实验经济学方法论的飞速发展和普及，为实证研究复杂的个体决策与交互决策行为提供了新的方法和工具。实验室实验方法以其成本低、可控性强、可复制性强、便于得到高度内部有效性的结论的优点，成为研究策略不确定条件下交通选择行为的一种可行的新工具、新方法，可以作为实证观测和实地调查方法的有力补充。在交通行为研究中运用实验室实验的方法日益得到研究者的重视，也已经取得了令人瞩目的成果。然而，这类交叉研究尚处在相对初级的阶段，目前的成果根据研究目标的不同而较为零散，缺乏横向比较和系统梳理。本书认为未来策略性出行选择的行为实验研究应重点关注（但不限于）以下几个方面。

（1）改变实验控制，以检验实验结论的稳健性。未来的实验设计可以在考虑参与者的计算和理解能力的前提下，尝试更加多样化的实验环境，例如采用非线性的路径成本函数、设定不同路径互相重叠的网络结构、招募真实司机参与实验等。

（2）放松实验假设、逐步开展（准）实地实验，以提升实验结论的外部效度。在理性认识实验室实验方法局限性的基础上，注重实验室方法与其他实证类方法的互补，考虑将实验行为数据和多源大数据相融合（智雨尧等，2022），遵循"发现异象-构建理论-应用实践"的发展路径，运用实验室实验方法得到内部有效的结论后，继续放松实验假设，创造条件在真实路网上进行实验或实证观测，以逐渐探讨研究结论的外部有效性，并对交通管理政策影响进行评估。

（3）考察组合决策，以回归交通出行选择的本质。策略性交通出行选择行为包含是否出行、目的地选择、方式选择、出发时间选择、路径选择等多重维度。出行者往往同时做出若干类决策，或者完成"一揽子"出行决策。因此，未来实验研究应从个体行为视角出发，通过巧妙设计，逐步开展组合决策的研究。例如，在瓶颈问题中考察出发时间与出行方式的组合决策（Han et al., 2021b），在自动驾驶与人工驾驶混合条件下考察出行方式与路径选择组合决策（Wang et al., 2020）等。

（4）注重实验现象与理论模型之间的"对话"，以增强理论研究与实证研究之间的互相促进。交通出行选择行为建模和实验虽然各自取得了丰富成果，然而仍相对孤立地发展，未来研究应当充分重视以理论模型来指导实验设计，并且不局限于检验均衡的预测效果、获得显著的处理效应，以及使用简单的学习模型大略拟合实验数据，而应注重以实验现象启发微观个体和宏观网络方面的理论建模，使得理论研究与实验研究能够互相促进、共同发展。

（5）评估政策干预或"助推"的效果，以促成理论和实证成果指导交通管理实践。未来研究可以开展更多类型的交通需求管理政策对行为的影响研究，一方面，评估政策干预或政策"助推"的效果，另一方面，通过了解个体响应行为的规律，启发和改善相关管理政策的设计和实施，实现改善交通拥堵、减少环境污染、提升社会总福利等目的。

第 4 章 出行行为分析的理论和方法基础

本章首先介绍网络择路博弈，作为策略不确定性条件下路径选择行为研究的基准模型，它也是相关实验设计的理论基础。随后介绍在理论篇中将用到的前景理论和多因素决策模型等有限理性决策理论，紧接着介绍在实验篇中将要检验的三个核心理论，分别是学习理论、逐日动态交通路径调整模型和离散选择模型。在每个理论介绍的部分，首先概述理论的发展和特点，随后详细介绍将在本书将用到的具体模型形式。

4.1 网络择路博弈

网络择路博弈 (network routing game) 是计算机科学、运营管理、行为经济学共同关心的一个交叉领域，也是交通网络均衡行为建模和预测的有力工具。一群追求自身利益最大化的出行者或称网络使用者需要在缺乏中央控制的条件下，竞争性地共用道路网或公共交通设施来满足他们追求通行总时间最短的目标。Fisk(1984) 指出，即应用 Wardrop 第一原理的网络均衡状态实际上属于纳什非合作博弈均衡所描述的情形，因此它符合纳什均衡的条件：同一 OD 对间被使用的各条路径的旅行时间相等，并且都不会高于没有被使用的路径上旅行时间，因此没有人能够通过单方面改变自己的路径选择而降低自身成本。

本节首先根据博弈的五大要素（局中人、行动集、收益、信息、均衡）对该博弈进行数学化的定义和描述，随后总结该类博弈的三大特征。

交通网络往往可以用 $G(V, E)$ 来表示，即由连接 V 个顶点的 E 条边构成，其中 $E \subseteq V \times V$。交通需求即图中的 OD 对集合由 K 表示，其中 $K \subseteq V \times V$。当所有路段 $p, q \in V$, $(p, q) \in E \leftrightarrow (q, p) \in E$ 成立时，该网络被称作无向网络，否则称为有向网络或定向网络。为了简化路径选择博弈，研究者通常采用定向网络来研究。在该博弈中，共有 N 个（有限个数且个数已知）网络使用者（或称局中人）需要共享该网络来完成自己的出行需求。每个网络使用者 i 独立地选择 OD 之间的任意路径 j，以追求自身旅行成本 C_i 的最小化。每个使用者 $i \in N$ 拥有有限个 (m_i) 纯策略 s_i。因此，每个人的行动空间可以表示为 $S_i = (s^1, s^2, \cdots, s^{m_i-1}, s^{m_i})$，每个人所选策略组成的策略组合可以表示为 $s = (s_1, \cdots, s_n)$，除了使用者 i 之外的所有其他人所选策略组合可以表示为 $s_{-i} = (s_1, \cdots, s_{i-1}, s_{i+1}, \cdots, s_n)$。整个博弈的联合行动空间可以表示为 $S = S_1 \times \cdots \times S_n$。一组参与者在无法观测到其他人选择的情况下同时做出决策，因此这类博弈是一种 N 人非合作经典型博弈 (non-cooperative N-person normal-form game).

基于网络是拥挤敏感的假设，每条路段 (link) 的成本函数均被构造为与流量负相关的函数，从而刻画这种竞争性地使用同一种资源过程中产生的负外部性. 在大多数实验中，为了便于参与者理解，通常采用仿射函数的形式. 通常假设网络使用者是同质的，每条路段的成本函数对于每个选择者都是相同的. 也就是说，对于每一个参与者 i，其选择路径 R_i 的成本 C_i 是这条路径所包含的所有路段时间总和；而每条路段 qp 的旅行时间 c_i(又称延迟函数) 通常用 $c_i(f_{qp}) = a_{qp}f_{qp} + b_{qp}$ 来表示，其中 $a_{qp}, b_{qp} \geqslant 0$, f_{qp} 为该路段所承载的所有路径的总流量 ($f_{qp} = 0, 1, \cdots, N$). 因此，在同质参与者假设下的网络路径博弈中，选择相同路径的参与者的成本或收益是相等的.

在以检验均衡和信息影响为目的的路径选择行为实验中，通常路径成本函数是告知每个参与者的，成本函数对于每个参与者是同质的、所有人的策略空间 (可选路径) 也是相同的，以上信息均为公共知识，因此，我们可以认为这类实验所研究的是完全信息下的网络择路博弈. 而在本书第 4 章中设计的路径选择行为实验中，除了路径成本函数未知之外，其他信息仍然为公共知识.

关于同质个体假设下的网络择路博弈，尽管 Rosenthal (1973) 已经证明了纯策略纳什均衡的存在性，然而这种均衡却往往并不唯一，通常有数以百万计的多重均衡. 在这些均衡中，网络流量分布可能是唯一的，但这种唯一的分布是由于不同的个体组合情况而衍生出的. 例如，在最简单的两条平行路径路网上，这对单一 OD 之间有 18 个参与者组成的交通需求，假设均衡理论预测每条路径上平均有 9 个单位的流量，虽然均衡预测的流量分布是唯一的，然而所有个体组合出的情况便共有约 4.8 万种不同的均衡状态之多 ($\approx$18!/(9!×9!)). 更为重要的是，与其他由分散自治个体进行的自私路由博弈 (selfish routing game) 等相似的是，网络择路博弈的纳什均衡往往是无效率的 (Roughgarden and Tardos, 2002). 在算法博弈论中，研究者用无政府主义代价 (price of anarchy) 来描述系统最优状态与纳什均衡之间的效率差异 (Ye and Yang, 2017; Zhao and Huang, 2016).

通过上述分析，我们总结网络择路博弈的三个特点. 首先是网络外部性的存在，这是交通路径选择行为区别于一般的离散选择行为的重要特征. 其次是由于外部性的存在而导致的策略不确定性. 这类博弈中，不存在可被重复剔除的 (严格) 劣解，每个人的最优响应都基于其他所有人选择的结果，每个人能否实现个人利益的最大化，取决于能否对于其他人的选择形成尽可能合乎实际的预期. 而由于网络使用者个数往往较多，再加上网络拓扑结构的放大，使得这种策略的不确定性往往非常显著. 再次，该博弈往往存在数以百万计的多重均衡. 尽管在重复博弈中，人们会对于路网属性和其他人的选择偏好具有更加充分的认识，然而由于多重均衡的数目之大，在某一次单轮博弈中，所有个体的决策恰好协调到某一个具体的均衡，理论上也几乎是不可能的。因此这类博弈经常被用来研究一个规模较大的自私群体中能否和如何协调到某种特定状态的问题。

4.2 交通不确定性的来源

不确定性 (uncertainty) 是近年来人们越来越关注的问题之一，不仅包括信息论、控制论、人工智能等领域，还包括金融、管理、信息系统等很多领域。对于不确定性，目前尚无权威性的明确定义。不同领域根据研究问题的不同，对不确定性有不同的理解和认识。贺国光 (2004) 指出，控制理论界把系统的时变性和对系统未来结构及参数的未知性作为不确定性的主要子内容；信息理论界把信息的模糊性 (fuzziness)、含糊性 (amibiguity) 列入不确定性；人工智能、决策分析则把随机性 (randomness) 作为不确定性的重要组成部分。

4.2.1 环境不确定性

按照国外学者 Rapoport 教授的主张，可以根据不确定性来源的不同而将现有出行选择行为实验研究划分为两类 (Rapoport et al., 2014a)。第一类实验目前以交通学者为主、数量较多，关注的是环境 (或外生) 不确定性 (environmental uncertainty)。这类实验往往假设道路的旅行时间服从给定的随机分布，用来刻画道路通行能力由于交通事故、恶劣天气、道路维修等原因而产生的随机变化。这类实验本质上是基于一个底层假设——城市交通网络中的出行者数量足够多，以至于每个个体出行者对路网拥挤水平、成本分布造成的边际影响微乎其微、可忽略不计。在这种假定下，个体选择某条路径所体验到的出行成本是某个给定随机分布的一次具体实现值，个体之间不存在直接的交互和影响 (Avineri and Prashker, 2006; Ben-Elia and Shiftan, 2010; Selten et al., 2007)。这类实验的参照理论往往是个体决策领域 (individual decision-making) 中的期望效用理论。以这类实验结果为启发，研究者提出了基于前景理论的路径选择模型等理论 (Selten et al., 2007)。

4.2.2 策略不确定性

第二类实验目前以经济学者和行为运营学者为主，数量相对较少，关注的是策略 (或内生) 不确定性 (strategic uncertainty)(Ben-Elia and Avineri, 2015)。这类实验往往考虑了个体选择的正外部性 (如公共交通或共享交通) 或负外部性 (道路的拥挤效应)，即假设道路的旅行时间是由共同选择的总人数决定的 (Zhao and Huang, 2016; Qi et al., 2019)，以此来刻画交通需求的内在波动性引起的不确定性。在这种假定下，个体收益不仅与自身决策相关，也与其他人的选择相关，分散自治的个体通过共同对路网成本分布产生影响而产生交互作用。这类实验通常将群体在网络结构上的路径选择问题描述为 N 人非合作的博弈 (N-person noncooperative game), 属于交互群体决策 (interactive group decision-making) 领域, 通常旨在检验均衡理论对于网络流量分布和出行者行为的解释力等. 还有极少量实验研究, 以简化的形式同时考虑上述两种不确定性 (Rapoport et al., 2014a).

第二类实验研究相比于第一类而言, 研究数量较少, 并且以国外学者为主. 据笔者不完全统计, 国内交通学界在该方向上最早的国际期刊发表记录是 2016 年 (Zhao and Huang, 2016). 近年来, 国内学者黄海军、姜锐、马寿峰、王文旭、肖锋等及其团队先后产出了一些交通选择行为的实验研究成果, 然而该方向尚在起步阶段, 目前的成果较为零散, 缺乏横向比较和系统梳理.

本书重点关注第二类策略不确定下的交通出行选择行为实验是基于以下两个方面的原因: 一方面, 出行者策略性选择行为在实践生活中十分常见. 例如, 为了躲避拥堵, 通勤者可能采取"错峰出行"策略或有意避开主干道、选择支路、小道等策略 (Wei et al., 2016); 又如, 当通过交通电台或其他渠道得知某条道路非常畅通时, 部分司机可能预测这条道路会因为信息发布而引来大量流量从而很快变得拥堵, 因此选择规避该条道路; 再如, 人们会先考虑周围居民的潜在选择从而决定是否加入"拼车"或"定制公交"等方式以共同分担出行成本. 由于正/负外部性的存在, 人们对于其他出行者会如何决策的预期和判断, 将会影响其进行是否出行、目的地选择、路径选择、出发时间选择、出行方式选择等各个维度的决策. 另一方面, 实验室实验方法通过恰当地控制一些干扰因素、提升研究结果的内部有效性, 非常适合于研究策略不确定条件下的交通出行选择行为.

4.2.3 感知偏差随机性

(1) 符号和假设

定义 $G = (N, A)$ 为一个路网, 其中 N 和 A 分别为顶点和路段集合; W 为 OD 对集合, P_w 和 d_w 分别为 OD 对 $w \in W$ 间的路径集合固定的出行需求. 用 q_a 和 $f_{p,w}$ 分别表示路段 $a \in A$ 和路径 $p \in P_w$ 上的流量, 用 $q = (q_a)_{|A| \times 1}$ 和 $f = (f_{p,w})_{\left(\sum_{w \in W} |P_w|\right) \times 1}$ 表示对应的向量形式. 路段上的流量则可以表示为使用该路段的所有路径流量之和

$$q_a = \sum_{p,w} \Delta_{p,w}^a f_{p,w}, \quad \forall a \in A, \tag{4.1}$$

其中, $\Delta_{p,w}^a = \{1, 0\}$ 表示路段-路径关联关系, $\Delta_{p,w}^a = 1$ 表示路径 p 包含路段 a, 反之则不包含. 类似地, 由流量守恒定理, 我们可以得到

$$d_w = \sum_{p \in P_w} f_{p,w}, \qquad \forall w \in W. \tag{4.2}$$

4.2 交通不确定性的来源

用 T_a 表示路段 a 上的随机旅行时间, 并假设其是路段流量 q_a 的连续函数. 则路径随机旅行时间 $T_{p,w}$ 可以表示为其使用的路段的旅行时间之和

$$T_{p,w} = \sum_{a \in A} T_a \Delta^a_{p,w}, \quad \forall p \in P_w, w \in W.$$
(4.3)

个体出行者在日常的通勤出行中会从过去的出行经历中不断学习, 形成个体的旅行时间认知并用来指导日常的出行决策活动 (Chen and Zhou, 2009; Lo and Tung, 2003; Lo et al., 2006). 同时, 考虑到实际交通环境的不确定性, 个体有限的记忆、计算能力和信息来源, 个体对旅行时间分布的感知往往存在一定的偏差. 因此, 有必要考虑感知偏差对个体路径选择行为的影响. 这里对个体的旅行时间的随机感知偏差作出如下假设 (Chen and Zhou, 2009, 2010; Chen et al., 2011).

假设 4.1 个体对道路上单位旅行时间的随机感知偏差服从正态分布, 即 $\varepsilon_a|_{T_a=1} \sim N(\mu, \sigma^2)$, 其中 μ 和 σ^2 分别表示个体对单位旅行时间的随机感知偏差的均值和方差.

假设 4.2 个体出行者对不同路段的旅行时间的随机感知偏差相互独立.

假设 4.3 不同出行者的旅行时间的随机感知偏差相互独立.

(2) 考虑随机感知偏差的旅行时间分布

基于假设 4.1—假设 4.3, 个体的路径/路段旅行时间感知偏差 $\varepsilon_{p,w}|_{T_{p,w}}$ ($\varepsilon_a|_{T_a}$) 依赖于随机的路径/路段旅行时间 $T_{p,w}(T_a)$; 个体的感知路径/路段旅行时间 $\tilde{T}_{p,w}(\tilde{T}_a)$ 可以描述为随机的路径/路段旅行时间 $T_{p,w}(T_a)$ 与随机感知偏差项 $\varepsilon_{p,w}|_{T_{p,w}}$ ($\varepsilon_a|_{T_a}$) 之和, 并满足如下关系:

$$\tilde{T}_{p,w} = T_{p,w} + \varepsilon_{p,w}|_{T_{p,w}}$$
(4.4)

$$= \sum_{a \in A} \left(T_a + \varepsilon_a|_{T_a} \right) \Delta^a_{p,w}$$
(4.5)

$$= \sum_{a \in A} \tilde{T}_a \Delta^a_{p,w}, \quad \forall p \in P_w, w \in W.$$
(4.6)

上述假设条件 (假设 4.1—假设 4.3) 和公式 (4.4)—(4.6) 给出了重构个体感知旅行时间分布的理论基础, 即路径感知旅行时间分布可以描述为路径所包含路段的感知旅行时间分布的集计. 在计算路径和路段感知旅行时间分布的过程中, 我们还需要借助旅行时间预算 TTB 的概念和 Cornish-Fisher 渐进展开式. 基于 TTB 的模型认为出行者在不确定的路网中进行路径选择决策时, 会在期望旅行时间的基础上预留出额外的缓冲时间来保证在一定的置信水平 (概率) 下按时到达目的地. 实际上, TTB 等同于金融学中被广泛应用的风险价值 (Value-at-Risk,

VaR) 的概念. 基于感知旅行时间分布的 TTB(PTTB) 在 $\alpha \in [0, 1]$ 置信水平下的值 $\tilde{B}_{p,w}(\alpha)$ 可以表示为

$$\tilde{B}_{p,w}(\alpha) = \min\{\tilde{B} | \Pr(\tilde{T}_{p,w} \leqslant \tilde{B}) \geqslant \alpha\}$$
$$= \mathrm{E}[\tilde{T}_{p,w}] + \tilde{v}_{p,w}(\alpha), \quad \forall p \in P_w, w \in W,$$
(4.7)

其中 $\mathrm{E}[\tilde{T}_{p,w}]$ 是路径 p 上的期望感知旅行时间, $\tilde{v}_{p,w}(\alpha)$ 是预留的缓冲时间从而保证以概率 α 在感知预算时间内到达目的地. 容易看出, $\tilde{v}_{p,w}(\alpha)$ 是置信水平 α 的单调增长函数, 置信水平 α 要求越高, 则所需要的缓冲时间 $\tilde{v}_{p,w}(\alpha)$ 越长, 相应的 $\tilde{B}_{p,w}(\alpha)$ 的值越大. 事实上, $\tilde{B}_{p,w}(\alpha)$ 与 α 的值一一对应, 当 $\alpha=0$ 时, $\tilde{B}_{p,w}(\alpha)$ 为感知的最短的旅行时间; 当 $\alpha=1$ 时, $\tilde{B}_{p,w}(\alpha)$ 为感知的最长的旅行时间; 当 $\alpha=0.5$ 时, $\tilde{B}_{p,w}(\alpha)$ 即为感知旅行时间分布的期望值.

基于 $\tilde{B}_{p,w}(\alpha)$ 与 α 之间的一一对应关系, 我们可以借助 Cornish-Fisher 渐进扩展式结合感知旅行时间的矩信息来估计不同置信水平 α 下的 PTTB, 并视 α 为变量来重构 PTTD. 置信水平 α 下的 PTTB 可以描述为

$$\tilde{B}_{p,w}(\alpha) = \mathrm{E}[\tilde{T}_{p,w}] + \tilde{\vartheta}_{p,w}(\alpha) \cdot \sqrt{\mathrm{Var}[\tilde{T}_{p,w}]}, \quad \forall p \in P_w, w \in W,$$
(4.8)

其中 $\mathrm{Var}[\tilde{T}_{p,w}]$ 是路径感知旅行时间的方差, $\tilde{\vartheta}_{p,w}(\alpha)$ 是路径感知旅行时间的 α 百分位数, 可以表示为

$$\tilde{\vartheta}_{p,w}(\alpha) = \Phi^{-1}(\alpha) + (1/6) \left[(\Phi^{-1}(\alpha))^2 - 1 \right] \tilde{S}_{p,w}$$

$$+ (1/24) \left[(\Phi^{-1}(\alpha))^3 - 3\Phi^{-1}(\alpha) \right] \tilde{K}_{p,w}$$

$$- (1/36) \left[2(\Phi^{-1}(\alpha))^3 - 5\Phi^{-1}(\alpha) \right] (\tilde{S}_{p,w})^2, \quad \forall p \in P_w, w \in W, \quad (4.9)$$

其中 $\Phi^{-1}(\cdot)$ 是标准正态分布函数的逆函数; $\tilde{S}_{p,w}$ 和 $\tilde{K}_{p,w}$ 分别为路径 PTTD 的偏度和峰度, 分别由路段和路径的实际和感知旅行时间分布的矩信息和累积量信息求得, 具体的计算过程参考附录 3.

用 $\tilde{\pi}_{p,w}(t)$ 表示路径 p 上未知的感知旅行时间的概率密度函数, $\tilde{\Pi}_{p,w}(t)$ 表示对应的累积概率分布, 即 $\tilde{\Pi}_{p,w}(t) = \int_{t_{p,w}}^{t} \tilde{\pi}_{p,w}(s) ds = \Pr\{\tilde{T}_{p,w} \leqslant t\}$. 易知当 $\tilde{\Pi}_{p,w}(t) = \alpha$ 时, $t = \tilde{\Pi}_{p,w}^{-1}(\alpha) = \tilde{B}_{p,w}(\alpha)$, 即感知旅行时间分布的置信度水平与其累积概率分布一一对应, 其 α 分位数与感知旅行时间一一对应. 进而, 可以基于这种对应关系重构感知旅行时间分布函数.

4.3 有限理性决策理论

4.3.1 累积前景理论

前景理论是由心理学家和经济学家 Kahneman 和 Tversky(1979) 提出的一个描述性范式决策模型. Kahneman 和 Tversky 在赌博实验中发现参与者的风险态度类型与经典的效用最大化理论相违: 实验者在面对收益时会表现出风险厌恶行为, 而在面对损失时会表现出风险偏好行为. 进而, 他们提出了对个体行为描述上更贴近现实的前景理论. 前景理论的主要特点表现在三个方面, 第一个是基于参照水平的价值评价函数 (4.10), 决策者在评价可能的方案结果时会依据一定的参照水平 t_0(旅行时间期望值) 将方案的可能结果分为收益和损失,

$$v(t) = \begin{cases} (t_0 - t)^{\beta_1}, & t_0 \leqslant t, \\ -\eta(t - t_0)^{\beta_2}, & t_0 > t, \end{cases} \tag{4.10}$$

其中, t 为可能性的旅行时间结果, t_0 为决策者评价方案旅行时间分布时的参照点, 对于交通出行问题, $t_0 \leqslant t$ 对应于收益, 反之则为损失; 参数 β_1 和 β_2 分别描述了决策者对于收益和损失敏感性递减的程度, 参数 η 则描述了相对于单位收益, 决策者对单位损失的厌恶程度, η 值越大表明决策者对损失越厌恶. 图 4-1 给出了价值函数 $v(t)$ 的示意图, 结合函数形式 (4.10) 可知它在收益域是凹函数, 在收益域则为凸函数. 简言之, 前景价值函数强调①决策者关注决策方案的变化值而不是绝对值; ②损失厌恶行为; ③非线性的价值感知过程, 基于参照点的边际价值变化敏感性递减; 以及④面对收益时表现为风险厌恶 (在收益域凹函数), 面对损失时是风险偏好的 (在损失域表现为凸函数).

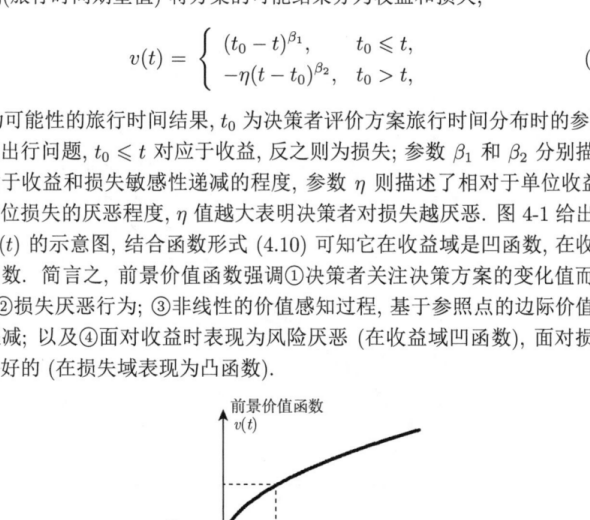

图 4-1 前景理论价值函数

前景理论的第二个理论特点是"逆 S"型的概率决策权重函数 (4.11),

$$w^+(\psi) = \frac{\psi^{\zeta^+}}{[\psi^{\zeta^+} + (1-\psi)^{\zeta^+}]^{\frac{1}{\zeta^+}}}, \quad w^-(\psi) = \frac{\psi^{\zeta^-}}{[\psi^{\zeta^-} + (1-\psi)^{\zeta^-}]^{\frac{1}{\zeta^-}}}, \qquad (4.11)$$

其中, ψ 表示事件发生的客观概率, $w^+(\psi)$ 和 $w^-(\psi)$ 分别表示当结果事件落入收益域和损失域时对应的主观决策权重 (主观概率); $0 < \zeta^+, \zeta^- \leqslant 1$ 为概率决策权重函数的曲率, 描述了决策者对客观概率的感知扭曲程度, ζ^+ 和 ζ^- 越小表示决策者的概率感知偏差越大. 如图 4-2 所示, "逆 S" 型的概率决策权重描述了决策者对小概率事件的高估行为以及对中等和大概率的低估行为, 这种现象也在一定程度上描述了决策者的风险厌恶行为.

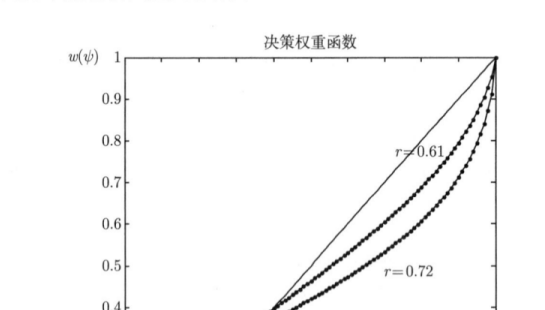

图 4-2 概率决策权重函数

第三个理论特点是采用与期望效用理论相似的前景效用值函数, 方案的前景效用描述为以概率决策权重的为基础的方案前景价值加权和, 即用概率决策权重替代期望效用理论中的客观概率分布, 用前景价值替代方案结果分布. 考虑一出行路径选择情境, 某一备选路径有 $M + N + 1$ 种可能的旅行时间结果 ($t_p^1 \leqslant \cdots \leqslant t_p^N \leqslant t_0 \leqslant t_p^{N+1} \leqslant \cdots \leqslant t_p^{N+M}$), 对应的离散客观概率分别为 ($\psi_p^1, \cdots, \psi_p^N, \psi_p^0, \psi_p^{N+1}, \cdots, \psi_p^{N+M}$), 其中前 $N + 1$ 种结果为收益项 (在旅行出行决策中, 认为旅行时间少于参照旅行时间时为收益, 反之为损失), 后 M 种结果为损失项, 则该路径方案的前景值可以表示为 (4.12),

$$V_{p,w} = \sum_{i=1}^{N+1} v(t_p^i) w^+(\psi_p^i) + \sum_{i=N+2}^{M+N+1} v(t_p^i) w^-(\psi_p^i). \tag{4.12}$$

前景理论对期望效用理论的本质突破在于: 前景理论通过引入基于参照的评价框架将基于**绝对值**的期望效用转化为基于**相对变化值**的前景价值; 同时, 通过引入分段的前景价值函数和非线性的决策权重函数, 前景理论能很好地刻画决策者对待损失收益以及风险的态度. 值得指出的是, 不同于基于 TTB、METT 等风险态度度量指标的风险决策模型, 前景理论通过价值函数和概率决策权重函数以间接的方式刻画了决策者风险和不确定条件下的风险态度, 即后者没有明显的风险度量指标.

此外, 需要说明的是, 前景理论通过概率决策权重函数对方案可能结果的相应概率进行了主观感知转化, 但是转化后的累积概率决策权重并不一定满足传统概率理论的性质, 如概率权重之和不一定为 1, 实际中累积概率决策权重之和可能大于 1 或小于 1.

4.3.2 基于排序的多因素决策模型

(1) 基于排序的决策机制 (ε-RDDS)

ε-RDDS 来源于 Lahdelma 等 (1998) 提出的随机多准则可接受性分析 (SMAA) 模型, 后者用于分析离散多准则决策支持 (MCDA) 问题. ε-RDDS 认为出行者在日常的一般性出行决策中, 由于有限的信息获取和处理能力或记忆能力而不能够或者根本没有动机花费太多精力去寻求最优的决策方案; 取而代之的是, 他们会依赖于日常的出行经验根据自己的出行因素偏好来对比分析不同选择方案的优劣, 并根据感知的方案优劣排序选择满足自己出行需求的出行方案. 即一个选择方案的排序不低于他们能接受的最低排序要求时 (即使是非最优的方案), 他们会认为这个选择方案是排序可接受的, 并根据方案的排序水平按一定的概率随机选择. 出行者会根据方案的排序进行随机决策并考虑非最优的方案, 这也是 ε-RDDS 区别于优化决策机制 (最大/最小) 的重要方面.

SMAA 在 ε-RDDS 的基础上定义了生成路径选择概率的方法. SMAA 的核心是对决策者权重/参数 (以及/或方案指标) 分布空间的逆向分析过程. 对权重/参数 (方案指标) 空间逆向分析定义了每个方案的排序支撑权重/参数 (指标) 集合, 集合中的权重/参数组合 (指标) 会赋予该方案在所有方案集中特定的排序; 集合的发生概率则对应于方案在该排序下的排序可接受性指标 (rank acceptability indices, RAI)。SMAA 机制下, 一个路径方案的选择概率则可以描述为基于

元权重 (meta-weight) 的 RAI 加权值. SMAA 的另外一个显著的特征是它能处理不同类型的权重/参数 (随机方案指标) 分布形式 (连续或离散, 基于基数的指标分布或基于序数的指标分布等), 并能处理带有各种约束或不确定性的因素偏好信息. SMAA 可以处理的参数约束信息类型包括

(I) 关于指标的部分 (或全部) 的排序信息;

(II) 区间分布的指标权重 (偏好) 信息;

(III) 区间分布的指标权重比例信息;

(IV) 关于指标权重参数的线性不等式约束;

(V) 关于权重参数的非线性不等式约束.

对这些约束信息的处理方式包括并集、交集以及分布平均化处理等, 关于 SMAA 可以处理的权重/参数 (或指标) 分布类型以及各种约束信息可以参考 (Lahdelma and SalMinen, 2001).

(2) 双因素下基于排序的路径选择模型

本节关注于个体在决策过程中的非最优性决策行为. 为简化并突出关注的核心问题, 做出以下假设.

假设 4.4 出行者在确定性路网下进行路径选择考虑两种指标, 即旅行时间和道路收费, 其中路段旅行时间是路段流量的函数, 而路径收费是固定的.

假设 4.5 个体能准确感知路网中两种评价指标值 (即不考虑感知偏差的作用).

假设 4.6 在日常的一般性路径出行决策中, 出行者根据其可接受的排序偏好从排序可接受的路径集合里随机选择出行路径.

假设 4.7 线性广义成本函数能够刻画出行者在旅行时间和道路收费之间的权衡行为.

假设 4.8 每个出行者都有其自己的旅行时间价值 (VOT); 整个出行者群体的 VOTs 服从给定的连续分布.

用 $t_a(q_a)$ 表示路段 a 上的旅行时间, 并假设其是路段流量 q_a 的连续单调函数. 用 τ_a 表示路段 a 上的固定收费项目, 则路径的旅行时间和旅行费用计算如下:

$$\begin{cases} t_{p,w} = \sum_{a \in A} t_a(q_a) \Delta_{p,w}^a, \\ \tau_{p,w} = \sum_{a \in A} \tau_a \Delta_{p,w}^a, \end{cases} \quad \forall p \in P_w, w \in W. \tag{4.13}$$

同时, 可以计算路径的广义出行成本为

$$U_{p,w} = \theta \cdot t_{p,w} + \tau_{p,w}, \quad \forall p \in P_w, w \in W, \tag{4.14}$$

4.3 有限理性决策理论

其中 θ 是出行者的 VOT 参数，假设其服从给定的概率分布，即 $\theta \sim \phi_w$。结合公式 (4.1) 和 (4.13)—(4.14) 可以看出路径的广义成本 $U_{p,w}$ 是路径流量分布 f 的函数，即 $U_{p,w} = U_{p,w}(f)$。RDDS 认为出行者根据路径的广义成本对路径进行排序，一条道路的排序定义为

$$R_{p,w}(\theta) = 1 + \sum_{h=1}^{|P_w|} \rho(U_{h,w} < U_{p,w}), \quad \forall p \in P_w, w \in W, \tag{4.15}$$

其中 $\rho(\text{true}) = 1$，$\rho(\text{false}) = 0$。一条道路的排序在 1 到 $|P_w|$ 之间变化，$|P_w|$ 表示 OD 对 w 之间的路径数量。基于公式 (4.15)，路径 p 在排序 r 上的 VOT 支撑集 $\Psi_{p,w}^r$ 可以定义为

$$\Psi_{p,w}^r = \{\theta \in \phi_w | R_{p,w}(\theta) = r\}, \quad \forall r = 1, 2, \cdots, K_w, p \in P_w, w \in W, \tag{4.16}$$

其中 $K_w \leqslant |P_w|$ 是 OD 对 w 之间出行者的最低排序偏好要求，而 K_w 的向量形式，即 $\hat{\mathbf{K}} = (K_w)_{|W| \times 1}$ 则被定义为路网的排序偏好模式。通过对路径在每一排序上的 VOT 支撑集进行积分，可以得到这条路获得每一排序的期望概率，也即排序可接受性指标 (RAIs) $\gamma_{p,w}^r$ 如下

$$\gamma_{p,w}^r = \Pr\{R_{p,w} = r\},$$

$$= \int_{\theta \in \Psi_{p,w}^r} \phi_w d\mathbf{U}_w, \forall r = 1, 2, \cdots, K_w, p \in P_w, w \in W, \tag{4.17}$$

其中 $\mathbf{U}_w = (U_{p,w})_{|P_w| \times 1}$ 是 $U_{p,w}$ 的向量形式。$\gamma_{p,w}^r \in [0, 1]$ 描述了 OD 对 w 之间有多大比例的出行者（基于 VOT 分布）会将路径 p 排序为 r。基于公式 (4.17)，一条路在 K_w 排序阈值下的综合排序可接受性 $\Gamma_{p,w}^{K_w}$ 可以定义为这条路径在排序偏好水平 K_w 下的 RAIs 加权平均和，

$$\Gamma_{p,w}^{K_w} = \frac{\displaystyle\sum_{r=1}^{K_w} \varpi_{K_w}^r \gamma_{p,w}^r}{\displaystyle\sum_{r=1}^{K_w} \varpi_{K_w}^r}, \quad \forall p \in P_w, w \in W, \tag{4.18}$$

其中 $\varpi_{K_w}^r$ 是给定 K_w 下与排序 r 对应的元权重，也即路径与排序相对应的选择优先性（如 $\varpi_{K_w}^1 \geqslant \varpi_{K_w}^1 \geqslant \cdots \geqslant \varpi_{K_w}^{K_w}$）。在一定程度上，标准化的元权重 $\left(\text{即} \varpi_{K_w}^r \middle/ \displaystyle\sum_{r=1}^{K_w} \varpi_{K_w}^r, r = 1, \cdots, K_w\right)$ 可以理解为一条路在每一排序下的被选择概率。

Lahdelma(2001) 介绍了三种元权重类型，包括线性权重 $\varpi^r_{K_w} = (K_w - r)/(K_w - 1)(r = 1, \cdots, K_w)$; 倒数权重 $\varpi^r_{K_w} = 1/r(r = 1, \cdots, K_w)$ 和质心权重

$$\varpi^r_{K_w} = \sum_{i=r}^{K_w} 1/i \sum_{i=1}^{K_w} 1/i (r = 1, \cdots, K_w).$$

为了更好地展示说明 ε-RDDS 的性质，下文采用质心权重.

基于公式 (4.15)—(4.18)，路径的选择概率 $x_{p,w}$ 可以定义为

$$x_{p,w} = \frac{\Gamma^{K_w}_{p,w}}{\sum_{h \in P_w} \Gamma^{K_w}_{h,w}}, \quad \forall p \in P_w, w \in W. \tag{4.19}$$

公式 (4.19) 实际上是对路径综合排序可接受性指标 $\Gamma^{K_w}_{p,w}$ 进行标准化的过程. 这一过程在基于 ε-RDDS 计算路径选择概率时是有必要的，特别是当有多条路的旅行时间和收费相同时，路径的综合排序可接受性指标 $\Gamma^{K_w}_{p,w}$ 可能会大于 1(大于路径选择概率的合理范围)，即 $\sum_{h \in P_w} \Gamma^{K_w}_{h,w} > 1$.

4.4 行为学习理论

在经典的路径选择实验中，研究者通常采用简单的强化学习或者后悔最小学习的模型来描述群体是如何收敛到近似均衡状态的. 接下来简单介绍在第 9 章中将会被用到的几种经典的行为学习模型.

4.4.1 分类和一般框架

学习模型理论 (learning model) 的研究经历了基于对对手行动预判的信念学习 (belief learning)、基于自身经验的强化学习 (reinforcement learning)、综合前两者特点的 EWA 学习 (经验加权吸引学习模型, experience-weighted attraction learning, EWA learning)、预期性学习 (anticipatory learning)、老练学习 (sophistication learning)、规则学习、学习方向理论等的发展过程. 学习理论允许个体根据自己的经验和判断做出不同的选择，通过学习不断地调整行为以更好地适应环境的变化. 这一理论对人们在重复博弈中如何从前期选择调整到当期选择这一问题做出了解释，更贴近个体真实决策的过程.

经大量博弈实验检验，EWA 学习模型对人们经济实验中的行为表现具有较好的解释力和预测力.

强化学习理论是目前应用最为广泛的学习理论之一，同时也具有坚实的实验和实证基础. 强化学习理论假设人们认为"过去成功的策略在将来也会成功"，即

4.4 行为学习理论

人们会根据所选用的策略在历史上收益的反馈情况, 而强化一些曾经获得较好收益的策略, 使得该策略在未来会更加频繁地被选择. 常见的强化学习模型主要有, Bush-Mosteller 模型 (Bush and Mosteller, 1955)、改善原理模型以及 Roth-Erev 模型 (Erev and Roth, 1998) 等.

与强化学习不同的是, 信念学习 (belief learning) 理论认为人们将会考虑对手或其他参与者在过去采用每种策略的相对频率, 从而形成对于对手下一次会如何行动的信念, 随后基于这个预判做出能够最大化自身收益的最优的反应, 以达到最大化自己期望收益的目标. 信念学习的核心就是对于他人会如何行动的信念的更新. 在信念学习这个理论框架中, 应用广泛的经典模型有三种. 三种特殊的信念学习模型是"虚拟行动"(fictitious play)、古诺最优反应动态 (Cournot dynamic) 以及加权虚拟行动 (weighted fictitious play). 虚拟行动是假定参与者能够记住和利用对手在完整的交互历史中采用的策略的情况, 而古诺最优反应动态则假定对手会一直采用其近期使用最多的策略, 而这两种模型的一种混合的加权形式是"加权虚拟行动", 即假设人们会把更高的权重赋予最近的经验而非早期的经历 (Cheung and Friedman, 1997).

经验加权吸引力学习 (Camerer et al., 2002; Camerer et al., 2004) 是由 Camerer 和 Ho(1999) 提出的一种综合性更强的学习模型, 它巧妙地结合了经典的强化学习和信念学习模型的优势. 经典的强化学习和加权虚拟行动的信念学习均可以描述为 EWA 学习在某些特定的参数取值下的特例.

综上不难发现, 上述几种模型具有一个共同的框架: 假设人们以一定的概率随机地选择每个策略, 而每个策略具有一个时变的数值化的吸引值, 人们选择某个策略的概率由吸引值通过一定的映射规则来确定, 吸引值越小的策略被选择的概率就越低. 通过对于过去策略成功与否的观察, 个体能够依据历史经验对于每个策略的吸引值进行更新 $A_i(t)$, 从而改变不同策略的概率分布 $P_i(t+1)$. 接下来将这一框架规范为以下定义:

决策者 i 在某一轮 t 实验中选择路径 j, 在给定其他人的策略组合为 s_{-i} 时, 所获得的收益表示为 $\pi_i(j,t) = E_g - C_i(j,t)$, g 为不同路径选择实验的序号, E_g 为在该实验中规定的每轮奖励分数值. 注意, 根据实验参数的设定, 在某一轮博弈中, π_i 可能为负数. 当决策者 i 考察上一轮 t 中未被选择的路径 k 时 ($k \neq j$), 假定其他人在上一轮的策略 s_{-i} 均不变, 假如决策者选择路径 k 则应付的成本为 $C_i(k,t)$, 则由上文的收益计算公式同样可以得到对应的应得收益 (counterfactual or foregone payoff), 表示为 $\pi_i(k,t)$.

不同学习模型的主要区别在于如何利用所有决策和结果的可观测历史, 以及从这些从观测中生成的各策略的吸引值. 而在从吸引值映射到被选择概率的步骤中, 常用的映射函数只有三种方式, 对数形式 (Logit)、指数形式 (Power) 和分数

形式 (Probit). Logit 映射函数以其能够处理收益为负的情况, 以及在实证中的成功应用, 成为最常采用的形式, 下文中所有模型均采用这种 Logit 映射函数:

$$P_i^j(t+1;\theta) = \frac{\exp(\lambda \cdot A_i^j(t;\theta))}{\sum_{k=1}^{m_i} \exp(\lambda \cdot A_i^k(t;\theta))}, \quad i \in N, \tag{4.20}$$

其中, 参数 λ 为参与者对于策略吸引值的敏感性系数 (当 $\lambda = 0$ 时, 可以表示在所有路径中随机选择的决策规则, 当 λ 趋于正无穷时, 只有具有最高吸引值的策略会被选择); 参数 θ 是用来区分适应型 EWA 模型和老练型 EWA 模型, 其定义在下文将详述.

最后, 在以往的路径选择行为实验中, 通常采用简单的强化学习或者后悔最小学习的模型来描述群体是如何收敛到近似均衡状态的. 例如, Bogers 等 (2005) 通过实验室模拟实验证实了在出行者的路径选择中强化学习过程扮演了重要的角色. Selten 等 (2007) 也通过重复路径选择的实验发现了类似的结果.

4.4.2 经验加权吸引值学习模型

EWA 模型主要给出了在学习过程中两个隐含变量的更新过程, 即决策者偏好 $A(t)$ 和过去经验值权重 $N(t)$. 随着博弈重复进行 (轮数增加), 参与者不断更新两个变量. 具体的模型如下:

$$A_i^k(t;a) = \frac{\phi \cdot N(t-1) \cdot A_i^k(t-1;a) + [\delta + (1-\delta) \cdot I(k,j)] \cdot \pi_i(k,t)}{N(t)}, \quad \forall k \in S_i, \tag{4.21}$$

吸引值的更新公式由两部分构成, 第一部分是该策略继承自上一轮的折现后的吸引值, 第二部分是该策略在本轮博弈中实际获得或可能获得的收益的某种加权形式. 其中, $I(\cdot, \cdot)$ 为示性函数, 当 t 时期采用的策略正是策略 k 时, I 取值为 1, 否则取 0.

对于经历加权变量 $N(t)$, 使用公式 (4.5) 进行更新. 这一变量表示对于所有参与者自己选中或未选中的策略的经历的一种 "等价观测".

$$N(t) = \varphi \cdot (1 - \kappa) \cdot N(t-1) + 1, \tag{4.22}$$

这里的参数 φ 负责将过去的经验进行折现, 体现了个体的遗忘或有策略地忽略过于久远的信息. 参数 κ 代表了策略吸引力值的增长速率.

由此, 适应型 EWA 模型相比于一般性框架, 增加了三个自由参数 (δ, ϕ, κ), 取值范围均在 0 到 1 之间. 而且, EWA 模型的优势还在于, 上文提及的强化学习模型和信念学习涵盖为其参数取特殊取值组合时的特例.

4.4 行为学习理论

下面详细介绍 EWA 学习模型各参数的心理学意义.

(1) 参数 δ 与学习规则

δ 表示的是赋予该轮未被选择的策略的权重, 取值在 0 到 1 之间, 两个极值情况是 $\delta = 0$ 表示强化学习, $\delta = 1$ 表示信念学习. δ 相当于经济学中的"机会成本"或者心理学中的"遗憾程度". 即在更新各策略的吸引值时, 相比较于所选策略的真实收益来说, 考虑放弃策略的机会成本的程度. δ 值较高, 指示了该个体越偏向信念学习, 人们会评价整个可选策略集, 如果因放弃某个策略的机会成本 (或未选择某个策略的遗憾程度) 过大. 例如, 在第 t 轮次, 如果各个备选策略的吸引值的贴现之后的数值相等的话, 也就是有 $\varphi \cdot N(t) \cdot A_i^j = \varphi \cdot N(t) \cdot A_i^k$ 成立, 那么当 $\delta \cdot \pi(S_i^k, S_{-i}(t)) \geqslant 1 \cdot \pi(S_i^j, S_{-i}(t))$ 时, 参与者 i 未被选择的策略 S_i^k 便得到了更多的强化, 那么在第 $t+1$ 轮次的决策中可能会选择这一策略. 相反地, 当参数值非常接近于 0 时, 则在每一次决策 (或吸引值更新) 中, 只有实际采取的策略得到强化. 因此, 拥有高的 δ 参数值的个体被认为是快速学习并收敛于最优反应的.

(2) 参数 φ, κ 与吸引值更新

这两个参数综合考虑了认知现象对个体决策的影响.

参数 φ 反映的是一种觉察环境变化的能力的敏锐度, 即参与者有多大程度上意识到其他人也在调整学习. 当 φ 趋近于 0 时, 参与者对于环境变化非常敏锐, 因而会迅速地认识到历史经验所具有的参考价值越来越低, 因而更加重视所有策略在最近产生的收益情况. 相反地, 当 φ 趋近于 0 意味着, 相对于最近发生的经历, 该个体赋予历史经验更高的权重.

参数 κ 是吸引值的增长控制系数, 它描述了行为者锁定到某种策略的速度快慢. 当 $\kappa=0$ 时, $N(t)>1$, 将会导致吸引值是由两个部分——衰减后的吸引值和当轮次收益的加权形式组成的. 当 $\kappa = 1$ 时, $N(t) = N(t-1) = \cdots = N(0) = 1$ 对于所有 $t > 0$, 将会不断地累加衰减后的吸引值和当轮次收益这两个部分, 因此吸引值将会得到累积计算. 因此, 参数 κ 也反映了学习速率的大小.

4.4.3 考虑后悔和惯性的马尔可夫过程

为了描述在被试验的复杂路网中发现的快速收敛行为, Mak 等 (2015) 在文中提出了一个考虑了最小化后悔和参照依赖效应的马尔可夫适应性过程 (Markov adaptive learning, MAL) 模型. 该模型可以认为是在累积强化学习模型上的改进. 具体来说, 该模型首先假定了决策过程的"马尔可夫性", 即只有最近一轮发生的决策结果影响当期决策; 其次假定, 决策过程存在参照效应, 即以上一轮 (t 轮) 中的实际选择 j 和实际成本 $C_i(j, t)$ 作为当期决策的参照点, 对于不同策略 k 的评价值与该策略在上一轮的成本与参照点之差呈现负相关关系, 当更新的策略 k 与 j 不同时, 这一关系由一个代表追求后悔最小的参数 λ_+ 进行放大; 另外假定, 当

更新上轮实际选择策略 j 的时候，存在额外的惯性倾向 λ_0. 由此可见，该模型具有两个非负的自由参数 λ_+ 和 λ_0，分别刻画决策者追求后悔最小的倾向性和维持现行策略的倾向性.

因此，任意参与者 i 在时刻 $t(t>1)$ 对于策略 k 的评价值的更新规则，可由如下公式来表示：

$$A_i^k(t) = \begin{cases} C_i(j,t) - C_i(k,t) + \frac{\lambda_+}{\lambda} \cdot \max\{0, C_i(j,t) - C_i(k,t)\}, & k \neq j, \\ \frac{\lambda_0}{\lambda}, & k = j, \end{cases} \quad \forall k \in S_i,$$

(4.23)

其中，参数 λ 为一般性框架中的吸引值敏感系数.

相比于一般性框架，MAL 模型由于考虑了后悔效用，应付成本比实际成本低的策略将会更多地被选择. 因此，在早期的重复试验中，由于后悔参数 λ_+ 的放大作用，将会加速流量分布朝着纳什均衡的预测收敛. 另外，相比于一般性框架，MAL 模型由于考虑了惯性因素，人们有额外的倾向性会坚持在过去选择的策略上. 因此，在重复试验的后期，即当网络流量分布已经近似达到纳什均衡时，由于惯性参数的引入，增加了模型的预测稳定性. 经检验，该模型可以很好地在 Mak 等 (2015) 中的路径选择实验中描述群体数据.

4.5 逐日动态交通路径调整模型

逐日动态交通路径调整建模 (day-to-day dynamics traffic route-swapping model, 下文也简称 DTD 模型) 主要研究宏观网络交通流的动态演化机制，其核心问题是出行者的路径调整行为，其基本假设是下一个时步路径上的流量变化可以完全内生地由当前 (可能包括历史上) 的路网状态通过某种函数映射而得到 (张文义, 2014). 该方法可以灵活地将不同决策或行为规则、不同集计水平甚至不同的交通模式 (travel mode) 融入到统一的框架下，已发展成为研究网络交通流非平衡过程的基本方法，近年来引起交通学界极大的关注.

许多学者从不同的角度提出了多种模型 (详见"研究现状综述"部分)，这些模型可以从不同角度进行归类，如根据时间可以分为连续型模型和离散型模型；根据所调整的对象不同可以分为以路径/路段流量为调整对象的宏观模型和以个体路径决策为调整对象的微观模型；根据是否考虑随机因素可以分为确定模型和考虑网络随机性的随机模型；从行为基础角度又可分为理性调整模型和非理性调整模型等. 这些模型对于推动路网交通流演化研究，探索均衡形成的过程具有重要作用.

4.5 逐日动态交通路径调整模型

Smith 基于"理性行为"假设提出了比例调整过程模型 (proportional-switch adjustment process, PSAP)(张文义, 2014). PSAP 规则首次提出了成对有方向的调整规则, 该规则假设同一 OD 对间任意一对上一轮成本不相等的路径之间均可能路径调整的可能性, 并且流量只可能从成本高的路径调整至成本更低的路径而不能反向进行, 并且调整量与两条路径之间的成本差成比例. Yang 和 Zhang(2009) 总结了包括 PSAP 在内的五种动力学模型统称为理性行为调整过程 (rational behavior adjustment process, RBAP), 并证明了其对应的稳定路径流量模式与 UE 用户均衡理论是等价的. 而在这些模型中, PSAP 的数学结构简单、行为假设直观, 同时也是一种马尔可夫类演化博弈的行为描述, 从而得到了广泛的应用.

本书试图通过严格可控的路径选择行为实验的研究, 一方面, 检验经典的 PSAP 模型对于参与者路径选择动态调整过程的描述力, 另一方面, 发掘出行者的路径选择行为规律, 试图建立具备更加实际的行为学实验基础的模型, 发展并完善现有的非平衡网络交通流理论. 本书第 12 章内容将检验 PSAP 模型对于观测到的实验动态的描述力, 因此这里给出该模型的数学化定义.

假设在交通网络中存在某一给定的 OD 对 w, 对于属于 w 的任意一对路径 p 和路径 q, 下一时刻发生在路径 p 上的流量变化可以表示为

$$f_p^{wt} = \sum_{q \in P^w} \left(f_q^{wt} \cdot \rho_{p|q}^{wt} - f_p^{wt} \cdot \rho_{q|p}^{wt} \right), \quad \forall p \in P^w, w \in W, \tag{4.24}$$

其中,

$$\rho_{q|p}^{wt} = \kappa \cdot \max\left\{0, C_p^{wt}(\boldsymbol{f}) - C_q^{wt}(\boldsymbol{f})\right\}. \tag{4.25}$$

矩阵 $\boldsymbol{f}$ 表示时刻 t 网络的路径流量的分布, f_p^{wt} 表示路径 p 在时刻 t 上的流量, $\dot{f}_p^{wt}$ 为路径 p 在时刻 t 上流量的导数, P^w 代表给定 OD 对 w 下的所有可选路径, κ 表示出行者对于成本差的反应敏感程度, 是一个正的常数. 值得说明的是, ρ_{qp}^{wt} 既可以表示 t 时刻 OD 对 w 之间从路径 q 调整到路径 p 上的流量的比例, 也可以表示 t 时刻 OD 对 w 之间从路径 q 的某个出行者在下一时步转移到路径 p 的概率.

PSAP 模型的两个基本特点包括对向调整和比例调整. 前者是指人们只可能从成本更高的路径向成本更低的路径调整, 后者是指两条路径之间的调整比例或概率与两者之间的成本差成正比.

鉴于本书所涉及的一部分实验路网是由两条平行路径 $\{M, S\}$ 组成的单一

OD 对的路网, 这里将公式 (4.24) 在这一简化路网上的表达简化为

$$\begin{cases} \dot{f}_p = -\kappa \cdot f_p \cdot [C_p(f_p) - C_q(f_q)], & C_p(f_p) - C_q(f_q) > 0, \\ \dot{f}_p = \kappa \cdot f_q \cdot [C_q(f_q) - C_p(f_p)], & C_p(f_p) - C_q(f_q) < 0, \end{cases} \quad \forall p, q \in \{M, S\}.$$

$$(4.26)$$

那么, 某个出行者下一时步从路径 M 调整到路径 S 的概率的公式 (4.25) 可以简化为 $P_{S|M}(\mathbf{c}(t)) = \kappa \cdot [c_M - c_S]_+$, 其中 $\kappa > 0$, 或者写为

$$P_{S|M}(\mathbf{c}(t)) = \begin{cases} 0, & c_M \leqslant c_S, \\ \kappa \cdot (c_M - c_S), & c_M > c_S. \end{cases} \tag{4.27}$$

同理, 微观上在路径 S 的某个出行者下次调整到路径 M 的概率可以简化为 $P_{M|S}(\mathbf{c}(t)) = \kappa \cdot [c_S - c_M]_+$, 其中 $\kappa > 0$, 或者写为

$$P_{M|S}(\mathbf{c}(t)) = \begin{cases} 0, & c_M \geqslant c_S, \\ \kappa \cdot (c_S - c_M), & c_M < c_S. \end{cases} \tag{4.28}$$

4.6 离散选择模型

纳什均衡只能预测单轮博弈中完全理性的参与者的最优策略组合. 而日常通勤的路径选择问题, 是反复进行的重复博弈. 上文已经列举了两种思路来描述网络动态演化的过程, 其一, 诸如强化学习等各类学习模型能够描述逐渐适应和趋于纳什均衡的过程, 其二, 诸如 PSAP 等逐日动态交通路径调整规则. 然而, PSAP 仍然是基于"完全理性"行为假设的, 假设所有局中人自始至终追求个人期望效用最大化或期望负效用最小化, 因此其稳定状态恰好等价于 UE 状态, 然而也有不少实证表明实际出行者的路径选择行为一定程度上不符合用户均衡模型对于路网交通流量分配的预测. 于是, 研究者提出不同的替代理论来描述出行者在随机或不确定条件下的"有限理性"路径选择行为.

随机效用理论 (random utility theory, RUT) 最早由 Luce(1959), Marschak(1960), Block 和 Marschak(1959) 等提出. 与期望效用理论假设不同的是, RUT 理论借助于在期望效用理论的效用函数中添加随机的偏差项将出行者追求期望效用最大化的"完美理性"假设放松为追求提出了各种基于随机效用最大化的"有限理性"假设. Dial(1971) 提出了多元 Logit(multinomial Logit, MNL) 路径选择模型. Daganzo 和 Sheffi(1977) 首次在网络交通流分配的研究中引入离散选择理论, 据此提出了随机用户均衡 (stochastic user equilibrium, SUE) 理论. Fisk(1980) 提

出了基于 MNL 的随机用户均衡问题所等价的数学规划问题，从而使得研究者拥有对于 SUE 的求解方法.

本节介绍一种基于"有限理性"的路径选择模型的典型代表——MNL 离散选择模型的数学化定义. 在第 4 章中，选择该模型作为基准模型来检验有两个方面的原因. 首先，基于随机效用理论的 MNL 模型是最为基础和简洁的，也是目前应用最为广泛的离散选择模型. 其次，在交通研究领域，人们还推导出，假设所有出行者按照 MNL 模型进行路径选择，那么宏观层面上会积聚出与随机用户均衡 (SUE) 等价的稳定状态.

效用是对偏好 (preference) 的一种度量，随机效用理论认为效用是一个随机变量，可以描述为呈线性关系的两大部分，分别是非随机变化的固定项和随机变化的概率项. 因此根据 RUT，在交通网络中，给定一个 OD 对 w，出行者选择任意属于 w 的路径 k 的效用函数包括可观测的部分和不可观测部分，由这两部分加和而成，$U_k^w = V_k^w + \varepsilon_k^w$，$\forall k \in K$. 在实验研究中，确定的可测部分，通常用负的旅行时间 $V_k^w = -\lambda \cdot C_k^w$ 来描述. 因而，路径 k 的负效用函数可以写作 $C_k^w = c_k^w + \varepsilon_k^w$，$\forall k \in K$. 假设个体出行效用的随机偏差项 ε_k^w 服从独立同分布的 Gumbel 分布 (IID Gumbel distribution)，那么路径 k 被选择的概率可以描述为

$$P_k^w = \frac{\exp\left(-\theta \cdot c_k^w\right)}{\sum_{i \in K} \exp\left(-\theta \cdot c_i^w\right)}, \quad \forall k \in K, \tag{4.29}$$

其中，参数 θ 表示出行者对于旅行时间的感知敏感程度.

当备选路径集合中只有两个元素时，MNL 模型退化为二元 Logit 模型. 下面给出基于单 OD 两条平行路径的简化路网的 MNL 模型的简化表达形式. 我们将 MNL 模型重写为条件概率的形式. 由于该模型假定了重复的多次选择之间是互相独立的，即上一轮的选择并不会影响本轮的选择，那么，条件概率等同于被选择概率. 因此，在 $(t+1)$ 时刻，由路径 M 转向路径 S 的人数占原来所有 M 路流量的比例为

$$P_{S|M}^{t+1}(\mathbf{c}(t)) = \rho_{S|M}^{wt} = \frac{\exp(-\theta \cdot c_S)}{\exp(-\theta \cdot c_S) + \exp(-\theta \cdot c_M)}, \tag{4.30}$$

其中，参数 θ 仍然表示出行者对于旅行时间的感知敏感程度.

4.7 多智能体仿真方法

基于 Agent 的建模 (Agent-based modeling) 是一种计算机仿真的方法，它能够使研究者创建、分析和试验由在环境中互动的行动者构成的模型. 虽然仿真作

为一种研究方法从天文学到生物化学的自然科学中已经是非常重要的部分，但直到最近它才在社会科学中渐渐得到重视. Agent 最初来源于分布式人工智能的研究，一般用来描述自包含的、能感知环境并能在一定程度上控制自身行为的计算实体. Agent 是一个具有自主性、社会能力、反应性和能动性等性质的、基于硬件或基于软件的计算机系统. 基于"系统宏观现象是微观个体相互作用的结果"这一基本观点，多智能体仿真 (multi-Agent simulation) 从微观个体的行为及相互作用入手，建立仿真模型，进而通过仿真实验，揭示宏观现象的微观机理. 当理解一些问题的过程和它们的结果同样重要的时候，尤其是系统中的个体行为异质性较强、交互复杂时，特别适合于采用基于 Agent 的建模方法. 本书第 8 章、第 10—12 章、第 14 章将主要应用该方法.

4.8 序列挖掘算法

序列模式挖掘是一个重要的数据挖掘领域，可以广泛应用于如：客户购买行为模式预测、DNA 序列分析、自然灾害预测、Web 访问模式预测等. Agrawal 和 Srikant 最早提出了序列模式挖掘的定义，定义如下：给定一个由不同序列组成的集合，其中每个序列由不同的元素有序排列、每个元素由不同项目组成，同时给定一个用户指定的最小支持度阈值. 序列挖掘算法的目标就是找出所有频繁子序列，即出现频率不低于最小支持度阈值的子序列.

序列数据挖掘，区别于时间序列分析的是，序列挖掘更强调相对于时间或其他顺序出现的序列的高频率子序列的发现. 在交通出行选择行为实验中，个体的决策序列是一种典型的离散型的序列，而个体的决策规则，隐藏在这些序列之中. 本书将在第 14 章介绍序列数据挖掘的方法，试图从中发现高频率子序列来代表个体策略更新规则特征.

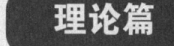

理论篇

天津大学MATS LAB部分出行行为理论研究

第 5 章 基于感知旅行时间分布的前景用户均衡模型①

本章首先对比了考虑 SPE 的感知旅行时间分布与非线性概率权重在描述个体旅行时间感知上的差异, 然后用感知旅行时间分布替代前景理论模型中的概率决策权重, 构建基于感知旅行时间分布的前景用户均衡模型, 进而通过变化 SPE 参数组合分析 SPE 类型对前景用户均衡的影响, 最后对本章内容进行总结.

5.1 主观概率分布与概率权重的对比分析

概率权重是决策者在风险条件下决策时对每种可能的结果附加的心理权重, 其值并不一定等于结果所对应的客观概率 (Kahneman and Tversky, 1979). Tversky 和 Kahneman(1992) 在累积前景理论中使用基于排序的概率权重来刻画累积主观概率, 从而满足次可加性条件和随机占优原则. 实际上, 基于排序的概率权重与提出的基于排序的效用理论 (rank-dependent utility theory, RDUT) 一致, 并能同时刻画决策者对概率变化的边际递减的敏感性. 累积概率权重函数考虑了方案结果的优劣排序, 相对于参照点对收益域和损失域的结果概率分别进行累积变换, 因而结果的概率权重值依赖于其属于收益域还是损失域. 对于方案 p, 考虑经过排序的离散事件 $t_p^1 \leqslant \cdots \leqslant t_p^N \leqslant t_p^{N+1} \leqslant \cdots \leqslant t_p^{N+M}$ ($N + M$ 是离散事件总数, 对于出行路径选择决策, 假定其中前 N 个离散事件带来收益, 后 M 个离散事件带来损失), 对应的离散事件发生概率为 $\pi_p^1, \cdots, \pi_p^N, \pi_p^{N+1}, \cdots, \pi_p^{N+M}$, 则概率权重 $\pi_p^i (i = 1, 2, \cdots, N + M)$ 描述为

$$\begin{cases} \pi_{p,i}^+ = w^+(\psi_p^i + \cdots + \psi_p^N) - w^+(\psi_p^{i+1} + \cdots + \psi_p^N), \quad 0 \leqslant i < N, \\ \pi_{p,N}^+ = w^+(\psi_p^N), \\ \pi_{p,i}^- = w^-(\psi_p^i + \cdots + \psi_p^{N+M}) - w^-(\psi_p^{i+1} + \cdots + \psi_p^{N+M}), \qquad \forall p, \quad (5.1) \\ N + 1 \leqslant i < N + M, \\ \pi_{p,N+M}^- = w^-(\psi_p^{N+M}), \end{cases}$$

其中 $w^+(\cdot)$ 和 $w^-(\cdot)$ 分别为收益事件和损失事件对应的概率权重函数. 本章采用 Prelec (1998) 推导的概率权重函数形式

---

① 本章改编自 (Wang et al., 2013).

第 5 章 基于感知旅行时间分布的前景用户均衡模型

$$w(\psi) = \exp(-[-\ln(\psi)]^{\zeta}),\tag{5.2}$$

其中 $0 < \zeta < 1$ 为概率权重函数的曲度参数. 概率权重函数 (5.1) 对任意 $\zeta \in (0, 1)$ 都能保证单调 (Rieger and Wang, 2006).

Fennema 和 Wakker (1997) 指出累积主观概率权重函数同时刻画了决策者对事件概率变化的边际递减的敏感性, 并指出边际敏感性递减 (曲率参数值小于 1) 的前景价值函数意味着决策者偏好中间水平的决策结果; 而对于权重函数, 这种递减的边际敏感性则表示决策者更偏好极端情形下的决策结果. 因此, 这两种效应对累积前景理论预测的综合结果, 取决于两种效应哪一种更为强烈. 同时可以预知累积前景理论的预测结果会不同于前景理论的预测结果.

基于路段旅行时间的分布信息可以采用 Cornish-Fisher 渐进扩展方式结合分位数重构感知旅行时间分布, 从而能够放松对路径旅行时间分布的假设 (这在实际中往往难以观察到或获得), 在知道路段旅行时间分布信息的条件下对路径旅行时间进行合理的推测.

本节结合一个两条路的路网 (如图 5-1 所示) 来对比和分析考虑 SPE 与概率权重下的旅行时间分布特点. 假设两条路的旅行时间服从对数正态分布, 参数分别为 $T_1 \sim \text{LN}(2.99, 0.10)$ 和 $T_2 \sim \text{LN}(3.39, 0.01)$, 对应的实际旅行时间均值和标准差分别为 $(20, 2)$ 和 $(30, 4)$, 这里忽略了相应的时间单位. 在概率权重函数 (5-2) 中, 设置参数 $\zeta = 0.74$, 参照点置信水平为 0.90. 而个体单位旅行时间的随机感知偏差, 下文用多种参数组合来分析参数的作用方式及对出行者特征的描述.

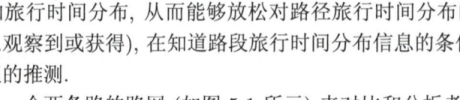

图 5-1 一个两路段路网

SPE 对个体感知旅行时间分布的作用主要从三个方面展示, 具体包括感知旅行时间的概率分布、均值及方差在 SPE 组合作用下的变化规律. 在对数正态分布下, 根据路段客观旅行时间的第一到四阶矩如附录 2 所示, 结合附录 3, 可以得到感知旅行时间的第一到二阶矩为

$$\tilde{M}_{T_a}^1 = E\left[(\tilde{T}_a)\right] = (1+\mu)M_{T_a}^1 = (1+\mu)e^{\mu_{T_a}+\frac{1}{2}\sigma_{T_a}^2}$$

和

$$\tilde{M}_{T_a}^2 = E\left[(\tilde{T}_a)^2\right] = (1+\mu)^2 M_{T_a}^2 + \sigma^2 M_{T_a}^1 = (1+\mu)^2 e^{2\mu_{T_a}+2\sigma_{T_a}^2} + \sigma^2 e^{\mu_{T_a}+\frac{1}{2}\sigma_{T_a}^2},$$

5.1 主观概率分布与概率权重的对比分析

进而得到感知旅行时间的均值和方差分别为

$$E\left[(\tilde{T}_a)\right] = \tilde{M}^1_{T_a} = (1+\mu)e^{\mu_{T_a}+\frac{1}{2}\sigma^2_{T_a}},$$

$$\text{Var}\left[(\tilde{T}_a)\right] = \tilde{M}^2_{T_a} - (\tilde{M}^1_{T_a})^2$$

$$= (1+\mu)^2 e^{2\mu_{T_a}+2\sigma^2_{T_a}} + \sigma^2 e^{\mu_{T_a}+\frac{1}{2}\sigma^2_{T_a}} - \left[(1+\mu)e^{\mu_{T_a}+\frac{1}{2}\sigma^2_{T_a}}\right]^2$$

$$= \sigma^2 e^{\mu_{T_a}+\frac{1}{2}\sigma^2_{T_a}} + (1+\mu)^2 e^{2\mu_{T_a}+\sigma^2_{T_a}}(e^{\sigma^2_{T_a}}-1).$$

图 5-2 展示了不同 SPE 参数组合下感知路径旅行时间累积概率分布和概率权重分布. 其中, 图 5-2(a) 和 (b) 描述了在给定 SPE 的方差参数下, 改变 SPE 的均值参数对感知旅行时间累积概率分布的影响. 随着感知偏差均值的增加, 个体的感知旅行时间累积概率分布曲线向右平移, 并表现出一定程度的拉伸, 即感知旅行时间的方差也发生了变化. 同时, 注意到图 5-2(a) 中, 概率权重的累积概率分布最大值小于 1, 再次证明了概率权重函数可能不满足概率定理中概率之和为 1 的性质. 图 5-2(c) 和 (d) 则描述了在给定 SPE 的均值参数下, 改变 SPE 的方差参数对感知旅行时间累积概率分布的影响, 随着 SPE 方差参数的增大, 感知旅行时间累积概率分布曲线的拉伸越明显.

进一步结合表 5-1 可以看出, 当个体 SPE 的方差参数不变, 均值参数增加 (表 5-1 第五列到第二列从右向左观察) 时, 个体感知旅行时间的均值和方差会同时增加, 并且感知旅行时间方差的增长速率会高于感知旅行时间均值的增长速率, 即感知旅行时间的均值方差比 (VMR) 会随着 SPE 均值参数的增加而增加. 与之对应, 个体 SPE 均值参数不变, 方差参数增加 (表 5-1 第五列到第八列从左向右观察) 时, 个体感知旅行时间的均值保持不变, 感知旅行时间的方差会增加并带动 VMR 的增加.

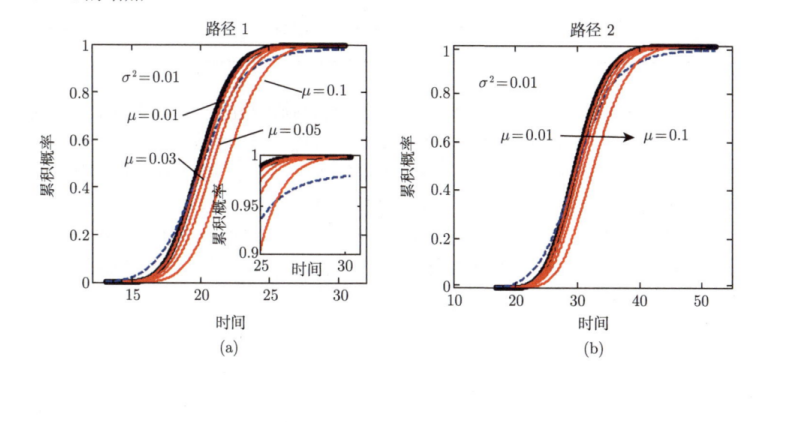

第 5 章 基于感知旅行时间分布的前景用户均衡模型

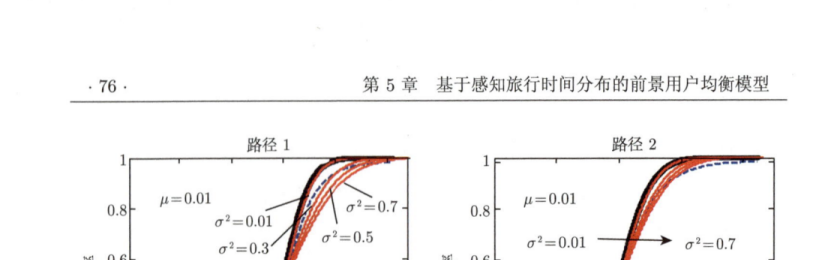

图 5-2 考虑 SPE 的感知旅行时间分布及概率权重分布

表 5-1 感知旅行时间的均值和方差及其比值随 SPE 参数变化过程

	SPE 组合 (μ, σ^2)							
	(0.1,0.01)	(0.05,0.01)	(0.03,0.01)	(0.01,0.01)	(0,0)	(0.01,0.3)	(0.01,0.5)	(0.01,0.7)
$E\left[(\tilde{T}_1)\right]$	22	21	20.6	20.2	20	20.2	20.2	20.2
$\text{Var}\left[(\tilde{T}_1)\right]$	**2.62**	**2.405**	**2.3218**	**2.2402**	2	8.0402	12.0402	16.0402
$\dfrac{\text{Var}\left[(\tilde{T}_1)\right]}{E\left[(\tilde{T}_1)\right]}$	0.1191	0.1145	0.1127	0.1109	0.1	0.3980	0.5961	0.7941
$E\left[(\tilde{T}_2)\right]$	33	31.5	30.9	30.3	30	30.3	30.3	30.3
$\text{Var}\left[(\tilde{T}_2)\right]$	**5.14**	**4.71**	**4.5436**	**4.3804**	4	13.0804	19.0804	25.0804
$\dfrac{\text{Var}\left[(\tilde{T}_2)\right]}{E\left[(\tilde{T}_2)\right]}$	0.1558	0.1495	0.1470	0.1446	0.1333	0.4317	0.6297	0.8277

从以上分析可以看出，个体旅行时间 SPE 的均值参数会同时影响感知旅行时间的均值和方差，而 SPE 的方差参数会影响感知旅行时间的方差，SPE 的两个参数维度能同时刻画个体对旅行时间感知的偏差情况。同时，考虑 SPE 的感知旅行时间分布能很好地保证概率的性质（如概率之和为 1），放松了对路径旅行时间分布类型的假设要求，在知道路段旅行时间分布（在实际路网中具有更大的可操作性）和独立性假设的条件下能够推导出路径旅行时间，从而具有更大的灵活性。这也是本节构建复杂个体感知决策模型的理论基础。

5.2 均衡模型的构建

5.2.1 基于感知旅行时间分布的路径前景值

Bates 等 (2001) 指出决策者依据主观感知的概率分布进行决策, 而个体的主观感知往往偏离于客观的概率分布, 这些感知偏差会影响个体的方案选择决策. Li (2003) 结合认知心理学理论, 指出通勤者对旅行时间的感知会受四类因素影响, 即通勤特征 (换乘次数及通勤持续时间)、所处的旅行情境 (正在行驶或换乘)、交通服务或通勤的环境 (通勤方式的舒适性等) 以及通勤者的期望 (如对通勤服务可靠性的期望等) 等. Peer 等 (2014) 结合问卷和电子拍照数据发现通勤者报告的旅行时间与实际的旅行时间偏差较大, 但是认为这些报告的时间并不能代表出行者的感知旅行时间. 在对个体旅行时间感知偏差建模方面, Hensher 等 (2011) 使用独立于事件排序的概率权重来描述个体在路径选择决策中的风险态度和对旅行时间波动的支付意愿. Chen 等 (2011) 假设个体对单位旅行时间的感知存在 SPE, 给出了基于 PTTB 的矩分析推导方法从路段旅行时间分布推导估计路径旅行时间分布, 并分析了 SPE 对基于 PMETT 的路网均衡和用户旅行时间预算行为等的影响. Xu 等 (2013) 进一步系统地分析了 SPE 在出行者感知旅行时间、路径选择行为 (均衡流量分布) 以及路网拥堵指标等三个层面的影响. 本节则考虑独立于决策结果排序的 PTTD, 并替代前景理论中的概率权重. 前景理论的价值函数描述如下:

$$\tilde{v}_{p,w}(\tilde{t}_{p,w}) = \begin{cases} (\tilde{t}_w^* - \tilde{t}_{p,w})^{\beta_1}, & \tilde{t}_{p,w} \leqslant \tilde{t}_w^*, \\ -\eta(\tilde{t}_{p,w} - \tilde{t}_w^*)^{\beta_2}, & \tilde{t}_{p,w} > \tilde{t}_w^*, \end{cases} \quad \forall p \in P_w, w \in W, \tag{5.3}$$

其中 $\tilde{t}_w^*$ 是路径 p 所在起讫对之间的旅行时间参照点, 参数 β_1 和 β_2 描述决策者递减的价值敏感性, η 是损失规避参数, $\eta > 1$ 表示单位损失带来的痛苦比同样的收益带来的快乐更强烈. 实际上, 公式 (5.3) 可以转化为

$$\tilde{v}_{p,w}(\tilde{t}_{p,w}) = \max\{(\tilde{t}_w^* - \tilde{t}_{p,w}), 0\}^{\beta_1} - \eta\{\max\{(\tilde{t}_{p,w} - \tilde{t}_w^*), 0\}\}^{\beta_2}, \quad \forall p \in P_w, w \in W,$$
$$(5.4)$$

基于前景价值函数 (4.3) 和感知旅行时间分布 (4.4)—(4.9), 可以计算路径的前景值

$$V_{p,w} = \int_{\underline{t_{p,w}}}^{\overline{t_{p,w}}} \tilde{v}_{p,w}(t) \cdot \tilde{\pi}_{p,w}(t) dt$$

$$= \int_{\underline{t_{p,w}}}^{\overline{t_{p,w}}} \tilde{v}_{p,w}(t) \cdot \tilde{\Pi}'_{p,w}(t) dt$$

$$= \int_{\underline{t}_{p,w}}^{\overline{t}_{p,w}} \tilde{v}_{p,w}(t) \cdot d\tilde{\Pi}_{p,w}(t), \quad \forall p \in P_w, w \in W.$$
(5.5)

结合置信度水平与累积概率分布以及分位数与感知旅行时间的对应关系，即 $\tilde{\Pi}_{p,w}(t) = \alpha$ 时，$t = \tilde{\Pi}_{p,w}^{-1}(\alpha) = \tilde{B}_{p,w}(\alpha)$，路径前景值函数 (5.5) 可以转化为

$$\tilde{V}_{p,w} = \int_{\underline{\alpha}}^{\overline{\alpha}} \tilde{v}_{p,w}(\tilde{\Pi}_{p,w}^{-1}(\alpha)) d\alpha$$

$$= \int_{\underline{\alpha}}^{\overline{\alpha}} \tilde{v}_{p,w}(\tilde{B}_{p,w}(\alpha)) d\alpha$$

$$= \int_{\underline{\alpha}}^{\overline{\alpha}} \max\{(\tilde{t}_{p,w}^* - \tilde{B}_{p,w}(\alpha)), 0\}^{\beta_1} - \eta \{\max\{(\tilde{B}_{p,w}(\alpha) - \tilde{t}_{p,w}^*), 0\}\}^{\beta_2} d\alpha,$$

$$\forall p \in P_w, w \in W.$$
(5.6)

公式 (5.6) 中，$\underline{\alpha}$ 和 $\overline{\alpha}$ 分别为感知旅行时间取得最小值和最大值时的累积概率分布 (置信水平)，故有 $\underline{\alpha} = 0$，$\overline{\alpha} = 1$；$\tilde{\alpha}_{p,w}^*$ 是路径 p 的感知旅行时间分布与所在起迄对旅行时间参照点对应的累积概率分布 (置信水平)，即有 $\tilde{\Pi}_{p,w}(\tilde{t}_w^*) = \tilde{\alpha}_{p,w}^*$，$\tilde{t}_w^* = \tilde{\Pi}_{p,w}^{-1}(\tilde{\alpha}_{p,w}^*) = \tilde{B}_{p,w}(\tilde{\alpha}_{p,w}^*)$. 公式 (5.5)—(5.6) 的实质是对前景值计算进行了积分变量变换，即将对路径旅行时间变量的积分转化为对路径旅行时间置信水平的积分. 这样避免了对路径旅行时间概率密度函数的依赖，而这一概率密度函数往往难以获得，同时置信水平的自然积分域已知，一定程度上简化了前景值的计算过程. 同时，由公式 (4.1)—(4.3) 易知路径的随机旅行时间 $T_{p,w}$ 是路径流量分布 f 的连续函数; 结合公式 (4.4)—(4.6) 易知随机的感知旅行时间 $\tilde{T}_{p,w}$ 也是路径流量分布 f 的连续函数. 同样，基于感知旅行时间分布的前景理论价值函数 (5.3)—(5.4) 和路径前景值函数 (5.5)—(5.6) 都关于路径流量分布 f 连续.

5.2.2 均衡模型的构建

出行者在路径选择决策中选择能最大化自己感知前景值的路径，在均衡状态下同一起迄对间所有的出行者都使用能给其带来最大感知前景值的路径，没有任何出行者能通过单方面更换路径来提高自己的感知前景值. 在均衡条件下，同一起迄对间所有被使用路径的感知前景值都相同，并且不低于未被使用的路径的前景值. 这一前景值均衡条件可以描述如下：

$$\begin{cases} f_{p,w} > 0, & \tilde{V}_{p,w} = \varpi_w, \\ f_{p,w} = 0, & \tilde{V}_{p,w} \leqslant \varpi_w, \end{cases} \quad \forall p \in P_w, w \in W,$$
(5.7)

其中 $\varpi_w = \max_{p \in P_w} \{\tilde{V}_{p,w}\}$ 为起迄对 w 之间路径的最大感知前景值.

易知, 上述前景均衡问题可以描述成非线性互补系统 (5.8)—(5.12),

$$f_{p,w}(\varpi_w - \tilde{V}_{p,w}) = 0, \quad \forall p \in P_w, w \in W.$$
(5.8)

$$\varpi_w - \tilde{V}_{p,w} \geqslant 0, \quad \forall p \in P_w, w \in W.$$
(5.9)

$$f_{p,w} \geqslant 0, \quad \forall p \in P_w, w \in W.$$
(5.10)

$$\sum_{p \in P_w} f_{p,w} - d_w = 0, \quad \forall w \in W.$$
(5.11)

$$q_a = \sum_{p,w} \Delta^a_{p,w} f_{p,w}, \quad \forall a \in A.$$
(5.12)

其中 (5.8)—(5.10) 定义了用户均衡流量分布条件; (5.11) 和 (5.12) 分别为起迄流量守恒约束和定义性约束. 非线性互补系统 (5.8)—(5.12) 可以进一步转化成如下变分不等式形式

$$\tilde{V}(f^*)(f - f^*) \geqslant 0, \quad f \in \Omega,$$
(5.13)

其中 $\tilde{V}(f^*) = (\tilde{V}_{p,w})_{\sum_w |P_w|}$ 是均衡条件下的路径前景值向量; $f = (f_{p,w})_{\sum_w |P_w|}$ 为路径流量的向量形式, Ω 是可行路径流量分布空间,

$$\Omega = \left\{ f \left| \sum_{p \in P_w} f_{p,w} = d_w, \forall w \in W; f_{p,w} \geqslant 0, \forall p \in P_w, w \in W \right. \right\}.$$

变分不等式模型 (5.13) 与非线性互补系统 (5.8)—(5.12) 之间的等价性可以通过分析线性规划问题 $\min_{f \in \Omega} V(f^*)f$ 的最优性条件获得 (Xu et al., 2013), 这里不再给出证明.

5.2.3 模型性质

(1) 解的存在性和唯一性

考虑到基于感知的旅行时间分布的连续性以及路径前景值函数关于旅行时间分布的连续性性质并未受影响, 同时路径流量分布可行性空间 Ω 是一个紧凸空间, 变分不等式模型 (5.13) 存在均衡解. 但路径前景值函数 $V(f)$ 关于 f 的单调性不能确定, 均衡解的唯一性并不能保证. 具体的证明过程可以参考 (Xu et al., 2011).

(2) 对出行者风险态度的刻画

上述变分不等式模型 (5.13) 采用独立于旅行时间损益结果的感知旅行时间分布替代概率权重函数, 一定程度减弱了对出行者风险态度的直接刻画能力. 但是

感知旅行时间分布通过对随机感知误差均值和方差的控制能更灵活地描述出行者感知的旅行时间分布，并间接地刻画出行者与出行经验和出行目的相对应的风险态度，即出行经验和出行目的会影响出行者在估计路网旅行时间分布的风险态度，进而影响对旅行时间分布的主观感知：出行者在重要的出行活动中会放大对旅行时间分布波动性的估计，而在一般的出行决策中会乐观估计旅行时间波动.

同时，上述均衡模型中并未考虑参照点的生成，当考虑风险下的参照点生成过程，如结合 (4.7)—(4.9) 采用一定置信水平下的感知旅行时间预算 (PTTB) 作为内生参照点时，模型可以通过刻画出行者置信水平需求来描述出行者的决策风险态度. 基于 PTTB 的内生参照点可以描述为

$$\tilde{t}_w^* = \tilde{B}_w^*(\alpha) = \min_{p \in P_w} \{\tilde{B}_{p,w}(\alpha)\}, \quad \forall w \in W,$$
(5.14)

其中 $\tilde{B}_{p,w}(\alpha)$ 是感知旅行时间分布的 α 分位数，可以由公式 (4.7) 计算得到; α 是出行者的旅行时间可靠性水平要求. 公式 (5.14) 可以描述为线性规划 (5.15),

$$\max \tilde{B}_w$$

$$\text{s.t. } \tilde{B}_w - \tilde{B}_{p,w}(\alpha) \leqslant 0, \forall p \in P_w,$$
(5.15)

并等价于以下线性系统 (Xu et al., 2011),

$$1 - \sum_{p \in P_w} l_{p,w} = 0,$$

$$\tilde{B}_w - \sum_{p \in P_w} l_{p,w} \tilde{B}_{p,w}(\alpha) = 0, \forall w \in W,$$
(5.16)

$$\tilde{B}_w - \tilde{B}_{p,w}(\alpha) \leqslant 0, \forall p \in P_w,$$

$$l_{p,w} \geqslant 0, \forall p \in P_w, w \in W.$$

结合 $\tilde{B}_{p,w}(\alpha)$ 关于 α 的连续单调性，易知线性规划 (5.15) 能保证参照点的唯一性; 线性系统 (5.16) 中的 $l_{p,w}$ 是与 (5.15) 对应的拉格朗日乘子. 同时，考虑到 PTTD 关于路径流量的连续性和 (5.15) 解的唯一性，基于 PTTB 的感知参照点并不影响均衡模型的构建和性质，模型的形式与 (5.8)—(5.12) 一致，这里不再重复.

此外，考虑参照依赖的非线性价值函数同样刻画了出行者的风险态度. 当公式 (5.4) 中 $\beta = (\beta_1, \beta_2) > 0$ 均小于 1 时，价值函数为凹函数，β 越小表明价值函数的曲度越大，出行者评价路径方案时风险厌恶态度越明显，评价结果也越保守.

5.3 求解算法

变分不等式模型 (5.13) 采用基于路径的前景值函数, 不能分解到路段, 因而需要采用基于路径的求解算法. 同时由于路径前景值函数形式复杂, 基于导数的梯度计算比较困难, 常见的基于路径的求解算法不易实施. 特别是道路流量调整方向的确定, 本章受 (Wang et al., 2013) 中基于复制者动态的前景均衡模型的启发, 即均衡条件下所有被使用的路径的前景值等于同一起讫对之间所有路径的前景加权平均值, 定义路径流量的迭代方向为

$$\hat{f}_{p,w} = f_{p,w} \cdot \frac{\tilde{V}_{p,w} - \overline{V}_w}{\bar{R}_w}, \quad \forall p \in P_w, w \in W, \tag{5.17}$$

其中 $\overline{V}_w = \left(\sum_{p \in P_w} \tilde{V}_{p,w} \cdot f_{p,w}\right) / \sum_{p \in P_w} f_{p,w}$ 是起讫对 w 之间的前景加权平均值;

$\bar{R}_w = \max_{p \in P_w} \{\tilde{V}_{p,w}\} - \min_{p \in P_w} \{\tilde{V}_{p,w}\}$ 是起讫对 w 之间路径前景值的最大差值, 易知

$0 \leqslant (\tilde{V}_{p,w} - \overline{V}_w)/\bar{R}_w \leqslant 1$. 公式 (5.17) 采用路径前景值与所在起讫对的平均前景值之间差与路径流量之积作为路径流量的调整方向, 从而保证算法收敛是时流量为正的路径的前景值等于所在讫对间所有有效路径的流量加权前景均值; $\bar{R}_w$ 是基于起讫对的尺度参数, 用来保证迭代方向的有效性. 流量的迭代步长 δ 采用 MSA 预生成的步长序列. 具体算法流程如下:

步骤 0 初始化. 初始化路径流量 $f(1)$, 定义出行者单位旅行时间随机感知偏差的参数 μ 和 σ, 确定出行者的出行时间可靠性置信水平 $\tilde{\alpha}^* = (\tilde{\alpha}_w^*)_{|W| \times 1}$ 和迭代收敛标准 ξ, 定义迭代次数 iter = 1.

步骤 1 生成感知路径旅行时间分布. 根据路径流量 f(iter) 计算路段流量分布和路段旅行时间分布, 基于 (4.4)—(4.9) 计算路径的感知旅行时间分布.

步骤 2 计算参照点值和路径前景值. 基于 (4.7)—(4.9) 计算参照点值, 结合 (5.3)—(5.6) 计算路径的感知前景值 $\tilde{V}$(iter).

步骤 3 收敛性检验. 如果 $\sqrt{\|\mathbf{q}(\text{iter}) - \mathbf{q}(\text{iter} - 1)\|/N} \leqslant \xi$ ($\|\cdot\|$ 是 2 范数运算符, N 是路段数量), 算法结束, 输出路径流量; 反之, 转到步骤 4.

步骤 4 流量更新. 根据 (5.17) 计算路径流量的迭代方向 $\hat{f}_{p,w}$(iter), 结合步长 δ(iter) = $1/$(iter + 1) 计算新的流量分布

$$f(\text{iter} + 1) = f(\text{iter}) + \delta(\text{iter}) \cdot \hat{f}_{p,w}(\text{iter}).$$

经过试算过程发现, 基于感知旅行时间分布的前景用户均衡在路径流量分布

不唯一，而在路段流量分布上表现出更好的收敛性性质，因此算法中的收敛准则定义为连续两次迭代中路段流量标准差小于给定的收敛标准.

5.4 算 例 分 析

本节考虑了两个算例，算例 1 采用图 5-3 中的三路段路网，分析了均衡条件下每类出行者的路径选择分布、参照旅行时间水平等性质，从而更好地认识随机感知偏差对路网均衡的影响. 算例 2 采用一个多起迄多路段的路网来分析 SPE 对网络性能的影响.

5.4.1 算例 1：一个三条路路网

5.4.1.1 路网设置

算例 1 采用一个三路段的路网来分析和展示模型的性质. 本节首先结合给定的路网流量分布来展示说明连续 VOT 分布下基于感知旅行时间分布的两种路径参照点值 (5.2.1 节) 的计算过程，并对比分析了这两种参照点模型的特点及其对路网均衡状态的影响; 然后考虑基于 SPE 的用户分类对网络的均衡分布特征以及出行者排序偏好对路网均衡的影响等.

路网的拓扑如图 5-3 所示，其中路径 1 为一般性的市区公路，路径 2 为市区干道，路径 3 为市郊高速. 路网的基本设置如表 5-2 所示，其中路段的平均旅行时间采用 BPR 函数形式，

$$t_a = t_a^0 \cdot \left[1 + \varsigma \left(\frac{q_a}{C_a}\right)^n\right],\tag{5.18}$$

其中 t_a^0 和 C_a 分别为路段 a 的自由流旅行时间和路段通行能力; ς 和 n 为路段旅行时间相关参数，分别取值 0.15 和 4. 出行者的随机感知偏差参数 $\varepsilon_a\big|_{T_a=1}$ ~ $N(\mu, \sigma^2)$ 分别设置为 $u = 0.1$ 和 $\sigma^2 = 0.05$; 出行者的旅行时间参照点则采用基于 (P)TTB 的内生参照点 (4.7)—(4.9); 对应的旅行时间可靠性水平设为 $\alpha^* = 0.95$. 假设路网中出行需求的均值为 200，需求的方差均值比 (variance-to-mean ratio, VMR) 为 2, 此时对应的需求波动系数 (coefficient of variations, COV) 只有 0.1.

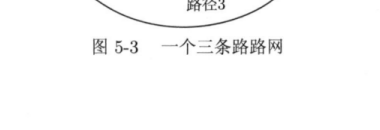

图 5-3 一个三条路路网

5.4 算例分析

表 5-2 路段参数设置

道路序号	道路类型	自由流旅行时间/分	道路通行能力
1	市区公路	22	80
2	市区干道	21	100
3	市郊高速	23	120

本书假设路网旅行时间的不确定性来自于服从随机分布的出行需求. Chen 等 (2002) 以及 Shao 等 (2006) 考虑了正态分布的随机出行需求对路网旅行时间的影响, 并分析了出行者的风险决策行为. Chen 等 (2011) 以及 Xu 等 (2013) 则考虑了服从对数正态分布的随机出行需求. Zhao 和 Kockelman(2002) 认为考虑非对称分布和厚尾现象的对数正态分布能更真实地预测实际中的出行需求. 据此, 本节将采用对数正态分布的出行需求假设, 同时假定:

假设 5.1 路径的流量分布类型与所在起迄对的出行需求的分布类型一致.

假设 5.2 路径流量的 VMR 与所在起迄对出行需求的方差均值比相同.

假设 5.3 路径流量分布相互独立.

其中起迄出行需求和路径流量的方差均值比分别定义为 $\text{VMR}_{d_w} = \frac{\text{Var}[d_w]}{\bar{d}_w}$

和 $\text{VMR}_{f_{p,w}} = \frac{\text{Var}[f_{p,w}]}{\bar{f}_{p,w}}$, $\bar{d}_w$ 和 $\bar{f}_{p,w}$ 分别为随机起迄出行需求和路径流量的均值,

$\text{Var}[d_w]$ 和 $\text{Var}[f_{p,w}]$ 为对应的方差项. 基于假设 3.2 可得 $\frac{\text{Var}[d_w]}{\bar{d}_w} = \frac{\text{Var}[f_{p,w}]}{\bar{f}_{p,w}}$,

即

$$\text{Var}[f_{p,w}] = \bar{f}_{p,w} \frac{\text{Var}[d_w]}{\bar{d}_w} = \bar{f}_{p,w} \cdot \text{VMR}_{d_w}. \tag{5.19}$$

类似地, 基于路段与路径流量之间的定义性约束 (5.1), 可得路段流量的均值 $\bar{q}_a$ 和方差 $\text{Var}[q_a]$ 分别为

$$\bar{q}_a = \sum_{p,w} \Delta_{p,w}^a \bar{f}_{p,w}, \tag{5.20}$$

$$\text{Var}[q_a] = \sum_{p,w} \Delta_{p,w}^a \text{Var}[f_{p,w}] = \sum_{p,w} \Delta_{p,w}^a \bar{f}_{p,w} \frac{\text{Var}[d_w]}{\bar{d}_w}. \tag{5.21}$$

在对数正态出行需求和独立可加的路段旅行时间分布假设下, Zhou 和 Chen (2008) 结合中心极限定理给出了不确定性从随机出行需求扩展到多路段/路径旅行时间的推导过程 (**方法 1**); Chen 和 Zhou (2010) 则在不依赖中心极限定理或者对路径旅行时间分布形态的预先假设的条件下, 给出了以矩分析为手段重构感知路段/路径旅行时间分布的推导过程 (**方法 2**). 本节用方法 1 和方法 2 分别生成了对数正态需求分布下的路径旅行时间分布, 并分别用于 Xu 等 (2011) 模型

(prospect-UE, PUE, 作为本章对照模型) 和这里提出的 PTTD-PUE 模型. 表 5-3 展示了均衡条件下的路径流量分布和出行者旅行时间参照点.

表 5-3 均衡条件下路网指标分布

路径 #	UE		PUE			PTTD-PUE $(\mu, \sigma^2) = (0.1, 0.05)$			
	$f_{p,w}$	$E[T_{p,w}]$	$f_{p,w}$	$E[T_{p,w}]$	$\text{Var}[T_{p,w}]$	$\hat{V}_{p,w}$	$f_{p,w}$	$E[T_{p,w}]$	$\text{Var}[T_{p,w}]$	$\hat{V}_{p,w}$
1	60.7	23.096	55.9	22.972	0.713	0.352	56.8	23.036	0.793	1.607
2	90.3	23.096	83.9	22.800	1.482	0.352	85.5	22.937	1.674	1.607
3	49.0	23.096	60.2	23.265	0.048	0.352	57.7	23.225	0.037	1.607
RP	—	—		23.627					27.361	

如表 5-3 所示, 在 UE 条件下, 三条路的旅行时间均值相等, 但是出行者并没有考虑路径旅行时间的波动性; 在前景用户均衡条件下, 出行者在平均旅行时间和旅行时间波动水平之间进行权衡, 部分出行者从波动风险大的路径 1 和 2 转向波动风险小的路径 3. 类似地, PTTD-PUE 同样能够刻画出行者对旅行时间均值和波动风险的权衡行为, 但是放松了对路径旅行时间分布类型的假设. 同时, 可以看到随机感知偏差会影响出行者的感知旅行是参照点, 基于 PTTB 的旅行时间参照点可能会显著不同于基于 TTB 的参照点水平. 下面结合图 5-3 中的路网, 进一步分析不同 SPE 参数的作用方式.

5.4.1.2 模型参数敏感性分析

本节通过分别改变 SPE 的均值和方差参数以及总体的出行需求来观测参数变化对路网状态的影响, 观测量包括路径流量分布、路径旅行时间的 VMR 等.

SPE 均值参数描述了个体对单位旅行时间感知的平均偏移程度, 回顾 5.1 节中的分析可知, SPE 均值参数同时会影响感知旅行时间的均值和方差水平, 且随着均值参数的增大, 感知旅行时间的均值和方差水平会同时增大. 但后者的增长速率会大于前者, 即感知旅行时间的 VMR 会随着 SPE 均值参数的增大而增加. 类似地, SPE 方差参数描述了个体对单位旅行时间感知的波动水平, 其变化会引起感知旅行时间方差水平, 但并不会影响感知旅行时间均值, 感知旅行时间的 VMR 会随方差参数同向变化. Chen 等 (2011) 发现 SPE 的均值和方差参数会导致个体感知旅行时间的方差变大, 进而使得出行者在给定旅行时间置信水平的 PMETT 值增加; Xu 等 (2013) 进一步发现 SPE 均值的变化会显著影响基于 PMETT 的路网的均衡流量分布. 这里, SPE 的均值参数从 0 开始, 以 0.2 的步长增长到 1.4; 而方差参数取 0.1, 0.5 和 1.0 三个数值 (类似地, 这里忽略物理量的单位). 路网的出行需求分别设为 200, 300 和 400 三个数值.

图 5-4 给出了不同 SPE 参数和出行需求组合下, 路网均衡流量分布情形. 以路径 1 为例, 在总出行需求为 200 的情况下, 随着个体 SPE 均值参数的增加, 均

衡条件下路径 1 的平均流量不断减少; 但是, 随着 SPE 方差参数的增加, 路径 1 的平均流量不断增加. 即 SPE 的均值和方差参数对路径的相对吸引力 (前景值) 在一定条件下起着相反的作用, 从需求为 200 时的路径 2 和路径 3 也可以得到相同的结论.

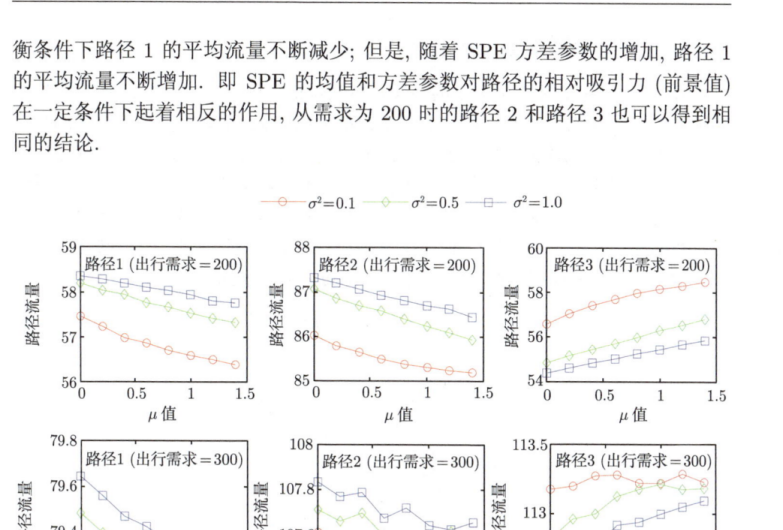

图 5-4　SPE 参数及出行需求的影响分析

同时, 可以观察到 SPE 方差参数从 0.1 增长到 0.5 时对路径均衡流量的影响要大于方差参数从 0.5 增长到 1.0 时对路径均衡流量分布的影响, 即 SPE 方差参数对均衡路径流量分布的影响存在一定的边际作用递减性.

此外, 随着路网出行需求的增加, 个体 SPE 均值和方差参数对路网均衡流量分布的影响越来越弱. 这种现象一定程度上可以解释为, 随着出行需求的增加, 路网平均旅行时间和旅行时间波动水平会大大增加. 在充满出行风险的路网中, 个体的选择表现出一定的随机性, 而感知偏差并没有显著改变个体对网络风险的认知, 或者对个体决策产生显著影响.

5.4.2 算例 2: 多起讫对多路段路网

算例 2 采用如图 5-5 所示的多起讫多路段的路网来进一步展示考虑随机感知偏差对路网性能指标的影响. 考察的路网性能指标包括路网的总旅行时间平均值 $\overline{\text{TT}}$, 路段的平均流量/通行能力之比 ($\overline{V/C}$) 以及出行者总的感知前景值 (TV). 路段参数设置和路网起讫参数设置分别如表 5-4 和表 5-5 所示. 路段的旅行时间函数采用 BPR 函数形式 (5.18), 相关的参数设置与算例 1 相同; 假设所有的出行者持有同样的旅行时间可靠性水平 $\alpha^* = 0.95$. 两个路网性能指标 (路网 $\overline{\text{TT}}$ 和路段 $\overline{V/C}$) 以及出行者总的感知前景值 (TV) 的计算分别如下:

$$\overline{\text{TT}} = \sum_{a \in A} E[q_a] \cdot E[T_a], \tag{5.22}$$

$$\overline{V/C} = \frac{1}{|A|} \cdot \sum_{a \in A} E[q_a]/C_a, \tag{5.23}$$

$$\text{TV} = \sum_{w \in W} \sum_{p \in P_w} E[f_{p,w}] \cdot \tilde{V}_{p,w}, \tag{5.24}$$

其中 $E[\cdot]$ 表示对随机变量·求期望, $|A|$ 为路段集合的元素个数.

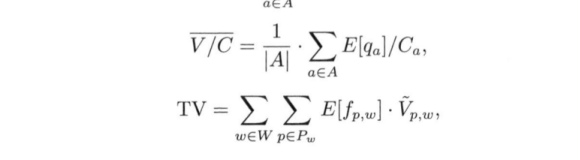

图 5-5 路网拓扑图

如表 5-6 所示, 同一起讫对间路径流量为正的道路上, 出行者的感知前景值相等且达到最大, 即路网实现了感知前景均衡条件. 进而说明模型解的存在性和求解算法的有效性. 下面以表 5-5 中给出的 (μ, σ^2) 组合为基础, 通过分别变动均值参数 μ、方差参数 σ^2, 以及通过乘以尺度参数 s 同时变动参数组合 $((\mu, \sigma^2)' = s \cdot (\mu, \sigma^2))$ 来分析 SPE 参数对路网性能指标 (路网 $\overline{\text{TT}}$ 和路段 $\overline{V/C}$) 和出行者总的感知前景 (TV) 的影响. 其中, SPE 均值参数 μ 从 0.05 以步长 0.1 变化到 0.45; SPE 方差参数 σ^2 从 0.1 以步长 0.2 变化到 0.9, 对应的尺度参数 s 从 1 以步长 2 变化到 9.

5.4 算例分析

表 5-4 路段参数设置

路段	t_a^0	C_a	路段	t_a^0	C_a
1	4	300	11	9	500
2	11	350	12	13	550
3	8	200	13	18	400
4	9	200	14	9	250
5	8	600	15	12	350
6	6	400	16	7	300
7	9	500	17	9	200
8	8	1000	18	8	300
9	9	500	19	8	200
10	8	800	20	16	600

表 5-5 起讫参数设置

起讫 (起点, 终点)	路径	路段集合	起讫需求 (μ, σ^2)	起讫 (起点, 终点)	路径	路段集合	起讫需求 (μ, σ^2)
	1	1-3-5-6			15	15-8-9-5-6	
	2	1-3-5-7-12			16	15-8-9-5-7-12	
起讫 1	3	1-4-8-9-5-6	600	起讫 3	17	15-8-10-12	500
(1, 5)	4	1-4-8-10-12	(0.2,0.1)	(9, 5)	18	16-17-8-9-5-6	(0.2,0.1)
	5	2-8-9-5-6			19	16-17-8-9-5-7-12	
	6	2-8-10-12			20	16-17-8-10-12	
	7	1-3-5-7-13			21	15-8-9-5-7-13	
	8	1-3-5-7-14-20			22	5-8-10-13	
	9	1-4-8-10-13			23	15-8-10-14-20	
起讫 2	10	1-4-8-10-14-20	400	起讫 4	24	15-8-11-19-20	500
(1, 13)	11	1-4-8-11-19-20	(0.2,0.1)	(9, 13)	25	16-17-8-9-5-7-13	(0.2,0.1)
	12	2-8-10-13			26	16-17-8-10-13	
	13	2-8-10-14-20			27	16-17-8-10-14-20	
	14	2-8-11-19-20			28	16-17-8-11-19-20	
					29	16-18-19-20	

第 5 章 基于感知旅行时间分布的前景用户均衡模型

表 5-6 路网均衡流量分布

起迄 (起点, 终点)	路径	$f_{p,w}$	$\tilde{V}_{p,w}$	起迄 (起点, 终点)	路径	$f_{p,w}$	$\tilde{V}_{p,w}$
起迄 1 (1, 5)	1	402.8	1.172	起迄 3 (9, 5)	15	79.8	1.178
	2	0.0	-22.930		16	0.0	-23.042
	3	5.1	1.172		17	315.5	1.178
	4	5.5	1.172		18	0.8	1.178
	5	0.9	1.172		19	0.0	-9.373
	6	185.7	1.172		20	3.8	1.178
起迄 2 (1, 13)	7	0.0	-22.724	起迄 4 (9, 13)	21	0.0	-22.837
	8	0.0	-23.842		22	102.0	1.286
	9	87.8	1.280		23	0.7	0.425
	10	0.6	0.418		24	0.0	-23.795
	11	0.0	-23.813		25	0.0	-22.843
	12	311.0	1.280		26	0.9	1.286
	13	0.6	0.418		27	0.5	0.425
	14	0.0	-23.807		28	0.0	-23.801
					29	395.9	1.286

图 5-6 至图 5-8 分别展示了 SPE 均值参数、方差参数以及均值方差参数组合对路网性能指标和出行者感知前景效用的作用方式. 从图 5-6 可以看出, 随着 μ 的增加, 路网的总旅行时间呈现波动变化. 与此同时, 路段的平均 V/C 之比却呈现相反的变化趋势, 即在当前路网设置条件下, 路网的期望总旅行时间 TT 和路段的期望 V/C 比值 $\overline{V/C}$ 构成了一对相反的路网性能指标. 对这一现象的发生条件和发生原因, 需要进一步研究. 随着 μ 的增加, 出行者的感知前景值表现出上升的趋势. 对这种现象的一种可能性解释是, 随着 μ 的增加, 出行者感知的旅行时间均值和方差同时增大, 进而会预留更多的旅行时间来保持既定的旅行时间可靠性, 即采用更大的旅行时间参照点, 后者一定程度上会带来更高的前景期望值. 这种现象对现实交通行为的启示是, 出行者高估路网的拥挤程度 (出行所需的平均旅行时间) 并预留更长的旅行时间可能会带来更高的出行者感知效用.

类似地, SPE 方差参数的单独变化以及 SPE 参数组合的同尺度变化对路网性能指标及出行者的感知效用产生相同的效果 (图 5-7 和图 5-8), 即路网性能指标并未展现单一的变化趋势 (单调增加或下降), 而是随着参数的变化呈现一定的波动. 出行者的感知前景值则随 μ 的增加稳定增长.

5.4 算例分析

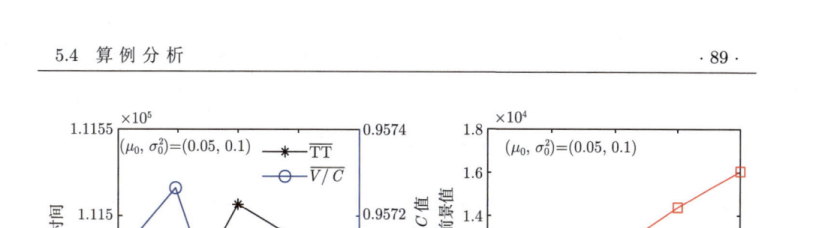

图 5-6 SPE 均值参数对路网性能指标及出行者前景效用的影响

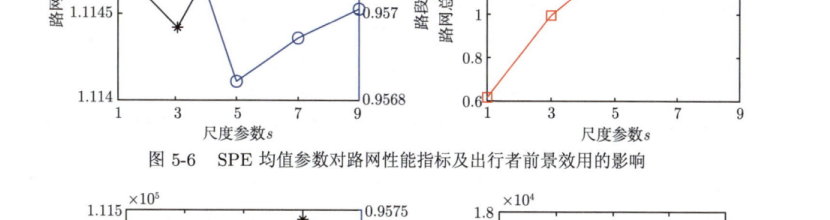

图 5-7 SPE 方差参数对路网性能指标及出行者前景效用的影响

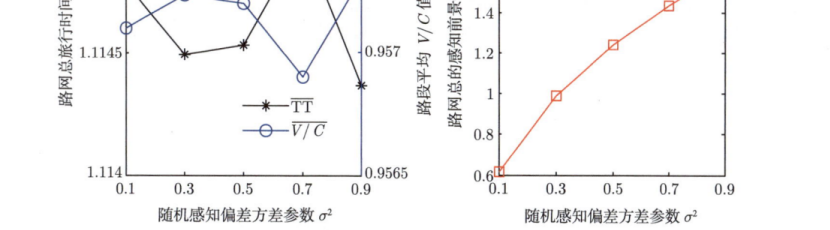

图 5-8 SPE 均值方差参数组合对路网性能指标及出行者前景效用的影响

5.5 本章小结

本章基于累积前景理论，从个体旅行时间的感知角度对累积前景理论进行了改进. 首先，构建了考虑随机感知偏差的主观感知概率分布模型，并将其与累积前景理论中的概率权重分布进行对比分析. 感知概率分布同时考虑个体对旅行时间均值和波动方差的感知误差，采用基于 Cornish-Fisher 渐进扩展方式，只需要对路段的旅行时间分布类型（现实中更易获得）进行合理假设，不需要对路径旅行时间的分布类型进行假设（现实中不易获得）. 此外，感知概率分布满足概率的基本定理（如概率之和为 1），从而具有更大的灵活性. 然后，本章用感知旅行时间分布替代概率权重函数，构建了基于感知旅行时间分布的前景用户均衡模型，给出了模型解的存在性和对出行者风险态度刻画方面的描述. 最后，本章提出了基于自适应平均法的求解算法，结合两个算例分别研究了 SPE 参数对模型流量分布和对路网性能及出行者感知前景的影响. 算例结果证实了算法的有效性，改进模型能够有效刻画出行者的风险厌恶行为. 同时考虑出行者对旅行时间感知偏差的均值和方差能灵活地刻画出行者在时间感知上的有限理性行为. SPE 均值和方差参数的变化会导致路网期望总旅行时间 TT 和路段期望 V/C 之比 $\overline{V/C}$ 以相反的趋势波动.

第 6 章 基于排序的双因素用户均衡模型①

本章介绍了基于排序的决策机制 (ε-RDDS) 并用来描述收费路网中考虑旅行时间和费用因素的路径选择行为. 出行者基于广义出行成本对路径进行排序, 并认为一条路径方案是**排序可接受**的当这条路的排序不高于给定的排序阈值 ε. 通过考虑排序非最优的路径方案, ε-RDDS 能够覆盖双因素环境下所有未被完全占优的有效路径, 即使仅仅采用基于连续 VOT 参数分布的线性广义成本函数来综合不同因素的广义成本. ε-RDDS 下的路径集同时能包含一些排序可接受但是非有效的路径方案, 而这些方案在基于优化 (最大/最小) 的决策机制中往往会被忽略掉. 然后, 本章基于 RDDS 构建了确定性路网情形下基于排序的双因素用户均衡模型, 并将均衡模型转化成不动点问题. 同时提出了一个基于 Monte-Carlo 模拟的算法来求解均衡解. 最后, 本章通过数值算例来描述 ε-RDDS 下的路径集合的性质以及新的用户均衡模型在刻画出行者决策行为方面的灵活性.

6.1 排序决策模型

6.1.1 排序决策机制下出行者及群体的选择方案集分析

ε-RDDS 用排序阈值向量 $\hat{K} = (K_w)_{|W|}$ 来刻画出行者对路径方案最优性的要求, 其中 $\hat{K}_w$ 为起迄对 w 之间的排序阈值. K_w 越大表明出行者对路径方案的最优性要求越低, 他们会考虑排序更低的路径, 从而拥有更大的排序可接受路径集合, 集合中的路径可能同时包含双目标决策环境下有效或者非有效的路径.

定义 6.1 如果路径 p 的排序不大于出行者的最低排序偏好要求, 即 $R_{p,w}$ $(\theta) \leqslant K_w, \forall p \in P_w, w \in W$, 则认为路径 p 是在 RDDS 下排序可接受的路径.

基于定义 6.1, 起迄对 w 之间的出行者群体的排序可接受性路径集 P_{K_w} 可以定义为在给定的排序偏好要求 K_w 下, 考虑出行者 VOT 差异性的所有排序可接受路径的集合, 即 $P_{K_w} = \{p \in P_w | R_{p,w}(\theta) \leqslant K_w, \theta \sim \phi_w\}, \forall w \in W$.

有效路径与排序可接受性路径的差异在于, 一条有效路径通过与其他路径的 (评价指标的) 对比定义了路径自身的性质. 而一条排序可接受路径则将路径自身的性质与出行者对路径方案最优性的要求相结合, 因而更加实用. 一条有效路径对于特定的出行者来说可以是排序可接受的或者排序不可接受的路径; 反之, 对

---

① 本章改编自 (Wang et al., 2013).

于特定的出行者来说，其认为排序可接受的路径可能是有效路径，也有可能是非有效路径。以算例图 6-1 为例，假设一个起讫对之间有 10 条路，其中路径 1 到 5 是有效路径，其他路径是非有效路径。每条路的旅行时间和收费如图 6-1 所示，同时采用公式 (4.14) 定义的广义成本函数，指标的单位则忽略了。

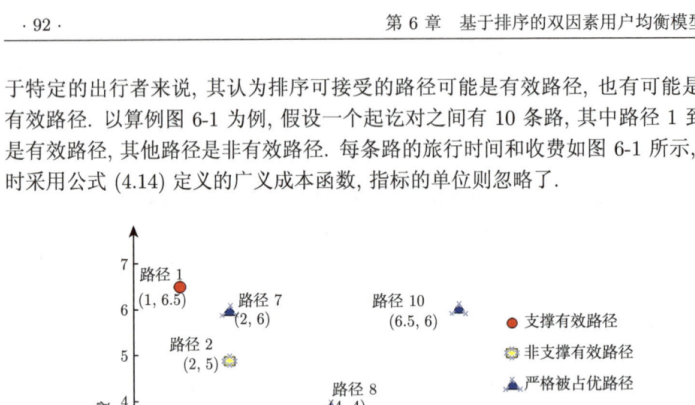

图 6-1 路径旅行时间及收费分布

表 6-1 给出了路径的排序信息以及 VOT 多出行者类型和不同排序偏好结构下整个出行者群体的排序可接受路径集。这里考虑了 6 种出行者类型（用 θ 值表示，见表 6-1 的第二行），每类出行者都有相同的 VOT 值。在给定的排序阈值 K_w 下，每类出行者的排序可接受路径集 $P_{K_w}^{\theta}$ 定义为 $P_{K_w}^{\theta} = \{p \in P_w | R_p(\theta) \leqslant K_w\}$, $\forall \theta \sim \phi_w, K_w = 1, \cdots, |P_w|, w \in W$. 以 $\theta = 1$ 类用户为例，当 $\hat{K}_w$ 从 1 增加到 2, $P_{K_w}^{\theta}$ 从 $\{3\}$ 扩展为 $\{3, 5\}$，当 $K_w = 3$ 时，$P_{K_w}^{\theta}$ 扩展为 $\{3, 5, 2, 4, 9\}$。在极端情况当 $K_w = 10$, $P_{K_w}^{\theta}$ 包含所有的可行路径，意味着出行者会考虑所在起讫对之间的任何可行路径。

与此同时，当 K_w 从 1 增加到 2 时，群体的排序可接受路径集 $P_{K_w}^{\theta}$ 从 $\{1, 3, 5\}$ 扩展到 $\{1, 2, 3, 5, 9\}$，当 $K_w = 3$ 时，P_{K_w} 扩展到 $\{1, 2, 3, 4, 5, 6, 7, 9\}$。从表 6-1 可以观察到，当 $K_w = 1$ 时，P_{K_w} 由所有的支撑有效路径构成，并对应于 (He and Liu, 2012; He et al., 2010) 模型中的路径集；当 $K_w = 3$ 时，P_{K_w} 包含所有的有效路径，其中包括支撑和非支撑有效路径。特别地，当 $K_w = 3$ 时，P_{K_w} 同时包含一些非有效路径，如被占优的路径 6, 7 和 9。

6.1 排序决策模型

表 6-1 路径排序信息和多用户排序偏好结构下群体的排序可接受性路径集

$R_p(/K_w)$	VOT (θ)						不同的排序偏好结构下群体的排序可接受性路径集 $P_{K_w}^{\theta}$
	0.1	0.5	1.0	1.5	5.0	10.0	
1	5^*	5	3	3	1	1	{1, 3, 5}
2	9	9	5	1, 2	2	2	{1, 2, 3, 5, 9}
3	6	3	2, 4, 9	—	3	7	{1, 2, 3, 4, 5, 6, 7, 9}
4	4	4, 6	—	5	7	3	{1, 2, 3, 4, 5, 6, 7, 9}
5	3	—	—	7	8	8	{1, 2, 3, 4, 5, 6, 7, 8, 9}
6	8	2, 8	1, 6	4	4	4	{1, 2, 3, 4, 5, 6, 7, 8, 9}
7	2	—	—	8, 9	5	5	{1, 2, 3, 4, 5, 6, 7, 8, 9}
8	7	1, 7	7, 8	—	6	6	{1, 2, 3, 4, 5, 6, 7, 8, 9}
9	1	—	—	6	9	9	{1, 2, 3, 4, 5, 6, 7, 8, 9}
10	10	10	10	10	10	10	{1, 2, 3, 4, 5, 6, 7, 8, 9, 10}

* 的含义是, 对于出行者分类 $\theta = 0.1$ 来说, 路径 5 排序第一, 即 $R_5(0.1) = 1$.

图 6-2 展示了路径 6, 7 和 9 在排序 3, 3 和 2 时对应的支撑 VOT 集 $\Psi_{p,w}^r$. 以路径 7 为例, 对于 $\theta \geqslant 6$ 的出行者, 该路径排第三, 意味着当这些出行者可以接受的最高路径排序 K_w 大于或等于 3 时, 他们会把路径 7 看作是一个潜在的选择方案. 类似地, 对于 VOT 满足 $\theta \in [0, 1/3]$ 的出行者, 当他们可以接受的最高路径排序大于或等于 3 时, 他们会认为路径 6 是一个可以接受的潜在方案; 而路径 9 对于满足 $\theta \in [0, 4/7]$ 和 $K_w \geqslant 2$ 的出行者是可以接受的路径方案. 当出行者对路径的最优性要求不是太高时, 他们会考虑那些排序较低的路径方案, 而这在日常的一般出行决策中是很常见的.

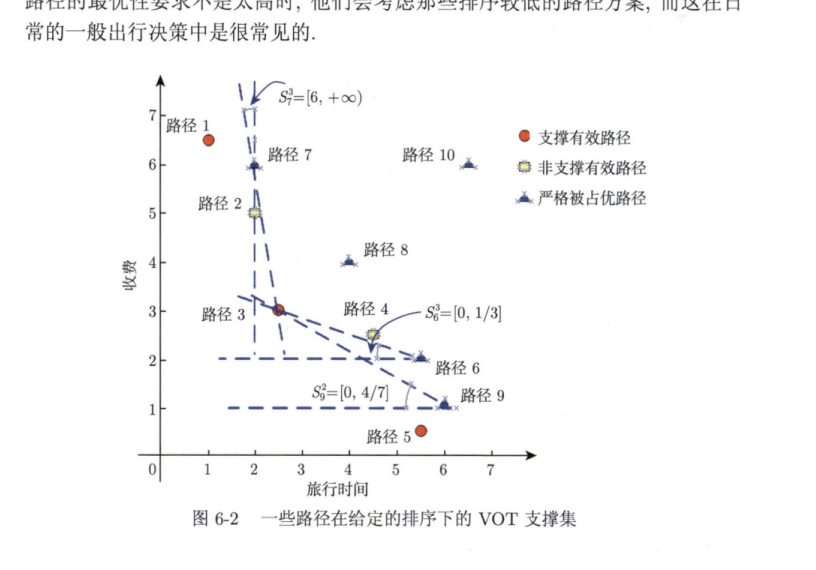

图 6-2 一些路径在给定的排序下的 VOT 支撑集